U0011025

您的第一本心理學入門書

超聰明圖解心理學

（修訂版）

心理學者／臨床心理士

植木理惠　著

林德龍　譯

晨星出版

作者序

最近愈來愈多人教導他人將心理學的知識與智慧應用在日常生活之中，從談戀愛、自我啟發、人際間的紛擾、交涉技巧、孩子的教育，到內心的煩惱……，各種層面都有。就連電視、雜誌、網路都有心理學相關的話題，說沒有一天沒看到也不過分。

＊

心理學就是這麼切身存在於我們周遭，但儘管如此，當被問到「所謂的心理學是怎樣的一門學問？」卻很難一言以蔽之，總覺得抓不到什麼重點而有不著邊際之感。

首先，平時眼睛看的、耳朵聽的心理學資訊很多，然而透過片段的知識是難以見到全貌的，更何況它和其他許多的科學並不一樣，將「心」這個眼睛看不到的對象作為主題這一點，也許就是造成心理學朦朧難明的原因。

＊

因此，「心」之科學用眼睛看不到，希望至少其解說用眼睛就能看得懂！這本《超聰明圖解心理學》，正是在這樣的概念下誕生的。大量使用插畫和圖解，用心地將抽象的概念化為易懂的圖像說明。

＊

再者，本書要讓現在正考慮研習心理學的人，能夠不偏頗地掌握其概要，並且以中立的觀點努力做到有系統的解說。本書由「心理學的流派」開始，廣泛而全面地介紹「認知心理學」「學習心理學」「社會心理學」「發展心理學」「人格心理學」「臨床心理學」等現代心理學代表性的研究領域。

＊

心理學是一門能在我們一切生活面向上提供鮮活啟示的學問。縱然是極少，但只要有點興趣的人，務必進一步踏入此一世界，希望能夠體驗「心」的深奧。本書若能成為此一探索的第一個羅盤，將是榮幸之至。

2013年10月　植木理惠

超聰明圖解 **心理學** 目次

part 2 瞭解心的運作機制吧！知覺與認知的心理學

part 3
加上動機，讓行為改變吧！
行為與學習的心理學

part 4 人際關係真困難！社會或集團的心理學

part 5 思考心的成長！成長與發展的心理學

part 6 所謂的性格是什麼呢？ 人格與性格的心理學

part 7
沒煩惱的人並不存在！心病與臨床的心理學

Part 1

何謂心理學？其理論與歷史

①何謂心理學？

心之實證科學的誕生

人類自古以來，就針對「心」進行過種種的研究。但19世紀出現的心理學，與先前的研究不一樣，它代表一種現代實證科學的誕生。

「心理學」所要研究的，當然就是「心」。但是，「心」眼睛看不見，也無法觸摸。所謂的「心」究竟是什麼東西呢？那樣的疑問自古有之，古希臘哲學家柏拉圖及其弟子亞里斯多德，也曾針對心（心靈）做過觀察。因此，也有人說「心理學」是一切學問之中最古老的學問。

事實上，所謂的**心理學**（psychology）說法本身，雖說是將希臘語的**心**（psyche）與**講述**（logos）搭在一起而成，但在古希臘所謂的「心」近似於現今所說的「靈魂」，且當時研究它的學問是「哲學」，而不是「心理學」。

那麼，心理學獨立為一門學問的時間是何時？令人意外的，是19世紀後半，其歷史還很新，至今尚未滿一個世紀半。

可是，以前所做的心的研究，以及誕生於近代的「心理學」，到底何者是錯誤的呢？那就全取決於是不是能作為「科學」的學問這一點上。對於虛無飄渺的「心」，不再進行哲學思索，而是採取重視客觀性且實證性的研究態度，正好促使「心理學」以現代科學之姿誕生。在本章裡，將會看到歷代的心理學者們，如何挑戰所謂「心」的難題。

古代對心的探求與近代心理學的差異

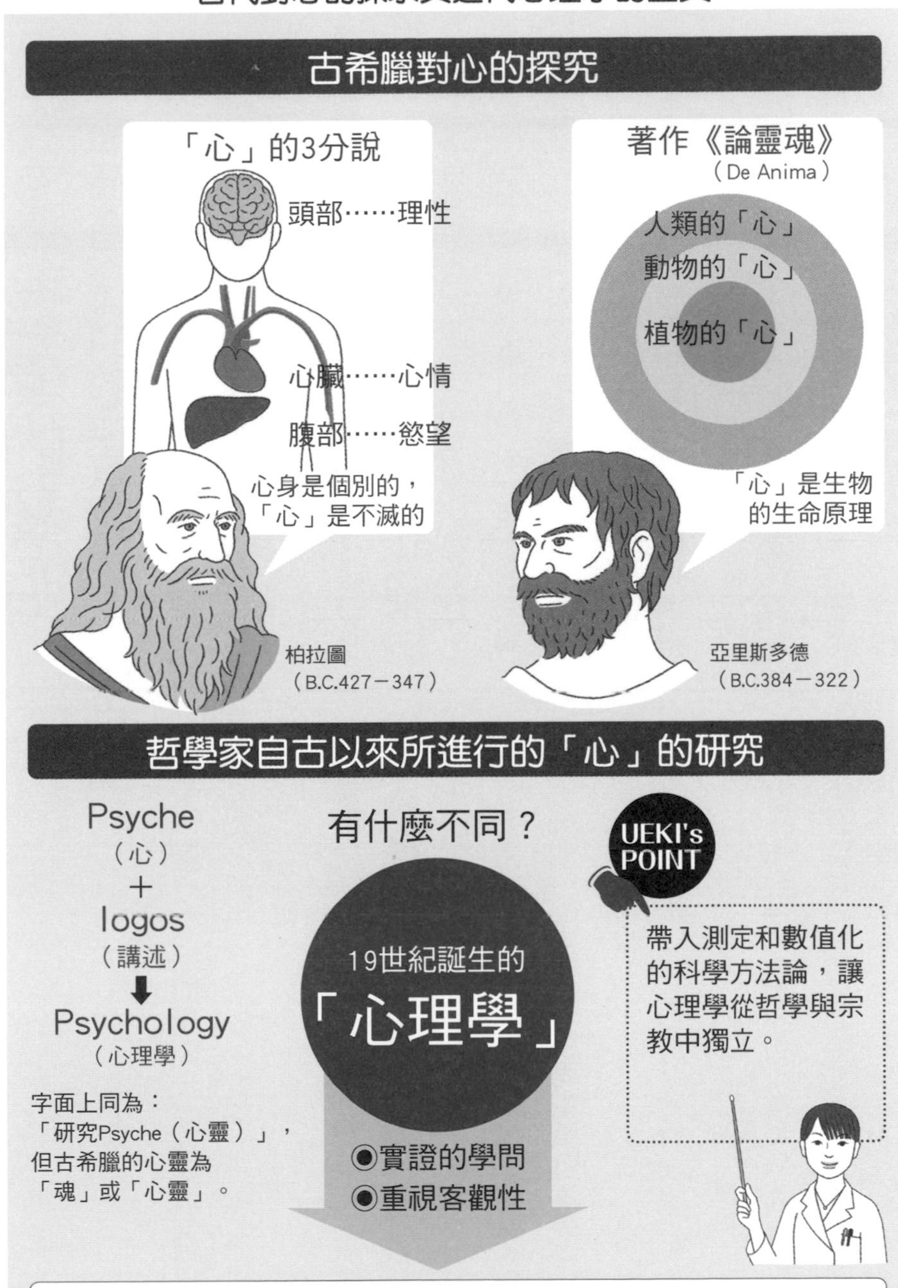
古希臘對心的探究
「心」的3分說
頭部……理性
心臟……心情
腹部……慾望
心身是個別的，
「心」是不滅的
柏拉圖
（B.C.427－347）
著作《論靈魂》
（De Anima）
人類的「心」
動物的「心」
植物的「心」
「心」是生物
的生命原理
亞里斯多德
（B.C.384－322）
哲學家自古以來所進行的「心」的研究
Psyche
（心）
＋
logos
（講述）
Psychology
（心理學）
字面上同為：
「研究Psyche（心靈）」，
但古希臘的心靈為
「魂」或「心靈」。
有什麼不同？
19世紀誕生的
「心理學」
◉實證的學問
◉重視客觀性
UEKI's POINT
帶入測定和數值化的科學方法論，讓心理學從哲學與宗教中獨立。
心理學就是心的實證科學

②心理學的黎明

促使現代的心理學誕生的諸科學

曾經是哲學領域之一的心理學，到了19世紀後半，獨立為一門學問，這是因為自然科學發展後，進而受到各種學問的影響之故。

17世紀後出現現代心理學相關的學問。當時以歐陸為中心的「理性主義（理性論）」和以英國為中心的「經驗主義（經驗論）」的哲學正在對抗。「理性主義」代表笛卡爾提倡心物交互作用的**心物二元論**，主張心的機能是天生就具備的。

對此，英國經驗論者洛克（John Locke），認為人在誕生階段，心是**白板狀態**（白板一樣純潔的心），而經驗能夠獲得初次觀念，依據經驗而獲得的觀念，因互相「聯結」而產生出複雜的觀念。這種英國經驗論的見解，後來朝向**聯結主義心理學**發展，並且成為近代心理學的底流。

18世紀以降，自然科學更進一步取得驚人的發展，心理學研究也逐漸受其影響。尤其是生物學者達爾文所代表的**進化論**之見解，促成人類與動物之間的研究比較，導致**比較心理學**（又稱為動物心理學）的誕生，而後來的**行為主義心理學**（32頁）也是一脈相承。

而且一到19世紀中葉，柏林大學生理學者繆勒（Johannes Müller）和他的弟子赫爾姆霍茨（Hermann von Helmholtz）等人，從身體機能的觀點，加強感覺與知覺的研究，給日後的心理學者們帶來極大的影響

諸科學準備下的心理學誕生

哲學的影響

理性主義（歐陸理性論哲學） VS 經驗主義（英國經驗論哲學）

天生說 ⟷ 經驗說

心物二元論（交互作用論）

白板一樣純潔的心（tabula rasa）

笛卡爾（1596－1650）

約翰・洛克（1632－1704）

動物精氣說與松果體→腦機能

↓

影響生理心理

人在白板的狀態下出生，根據經驗而發生觀念。依據觀念與觀念的聯合，產生複雜的觀念。

↓

英國經驗論哲學（向聯結主義心理學發展）

醫學的影響

繆勒（1801－1858）

以柏林大學生理學者繆勒及其弟子為中心，所進行的感覺實驗的研究，影響了後來的心理學。

感覺生理學

生物學的影響

達爾文（1809－1882）

代表生物學者達爾文的進化論，促使比較人類與動物的比較心理學誕生。

進化論

↓

心理學的誕生

③心理物理學的出現

心理學的前身是物理學!?

無法客觀地掌握住心嗎？回答此一疑問的，就是費希納的「心理物理學」方法，成為科學化研究的現代心理學先驅。

18世紀的德國哲學家康德（Immanuel Kant），認為眼睛看不到、也難以觀測和數值化的「心」，無法成為實證科學的對象。的確，心是主觀的存在，自身的心一定要靠自己掌握，因此要將其對象化是困難的。

但是，由於後來自然科學的發展，到了19世紀中葉，此問題出現新的研究途徑。那就是試圖使用物理學方法客觀解釋「心」的**心理物理學**。

提倡者是德國萊比錫大學的物理學教授費希納（Gustav Theodor Fechner），他對同大學的生理學者韋伯（Ernst Heinrich Weber）的運動感覺相關領先研究很有興趣。韋伯實驗測試人在判斷重量差異的時候，要多少重量變化才能感覺得出來。他發現，在相對的基準下人能察覺的最小刺激量（重量差）與原有的刺激量強度成正比。費希納將它命名為**韋伯法則**，並對該公式進行積分，得出結論：刺激所引起的感覺量，與刺激強度的對數成正比，而非與刺激強度成正比。也就是說，愈是沉重，對其重量變化的感覺愈是遲鈍。

這種將物理性的刺激和感覺的關係加以數值化的心理物理學的見解，關係到日後科學的心理學的誕生。

心理學前身、心理物理學的出現

康德對於心的科學抱持的否定態度

眼睛看不到的心能成為科學的對象？ 無法查證

為了作為科學的對象而能夠數值化？ 無法數值化

自己的心自己明白？ 無法觀測

康德（1724－1804）

費希納提倡測定意識的「心理物理學」

韋伯（費希納的老師）法則

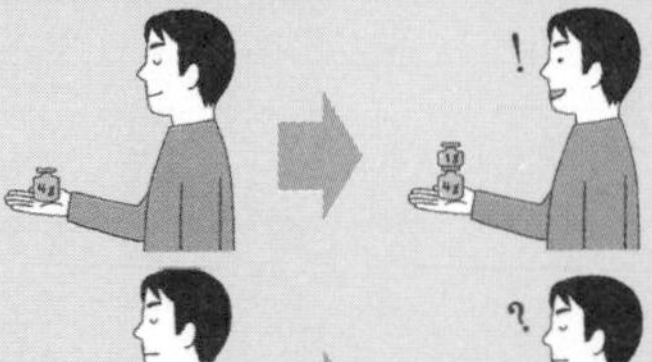

若在40公克上加1公克才有感覺，則400公克就要加10公克重才有感覺。

人們能察覺的最小刺激差，對原有的刺激強度成正比

費希納將其積分，創立**費希納法則**

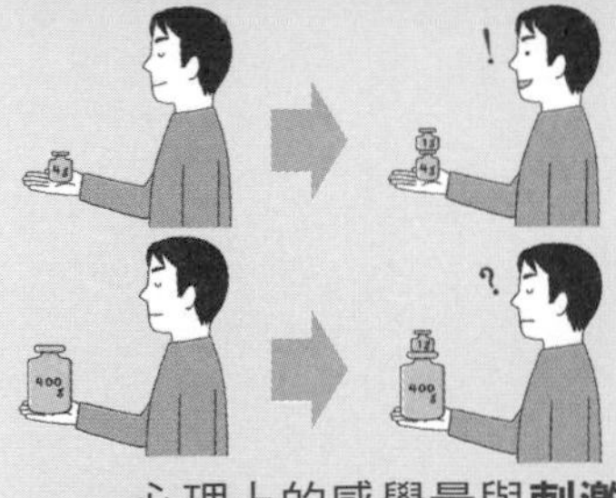

愈重愈難感覺其重量的變化。

心理上的感覺量與**刺激強度的對數**成正比，而**非刺激強度**

1850年10月22日，透過數量化的物理量，理解心與身體的關係「心理物理學」構想延伸。

費希納（1801－1887）

「心理物理學」為心理科學的誕生做準備。

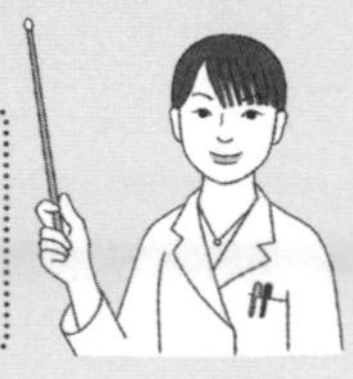

④現代心理學的誕生

實證的心理學始於馮德

被稱為心理學之父的學者正是實驗心理學的創始者馮德。他採用自然科學的方法將心理學從哲學獨立出，同時也培養了許多弟子。

現代「心理學」的誕生，被認為是一八七九年的事。因為萊比錫大學哲學教授馮德（Wilhelm Wundt），在這一年於大學內開辦了全世界首座心理學實驗室。正確來說，並非因為開辦實驗室，而是課程被認定的關係。不管如何，這一年是「心理學」被大學教育制度認可的誕生年份。

馮德在海德堡大學修習醫學，進入柏林大學繆勒（14頁）的研究室學習生理學。

後來也擔任赫爾姆霍茨（14頁）的助手，以生理學的方法研究心理學。

馮德之所以受重視，是他採用自然科學方法，在一定條件下進行實驗性嘗試。就這樣，**實驗心理學**創立者馮德嘗試將尚在「哲學」領域之中的「心理學」獨立為一門學問，並使其體系化。

我們一定不能忘記馮德作為教育家的功績。他用了大約四十年的時間，教導了兩萬四千名以上、來自全世界的學生，其中大部分都當了心理學家。日本人松本亦太郎、桑田芳藏等也師事馮德，而日本最早的心理學博士元良勇次郎也前去受教。順便一提，馮德的藏書被千葉胤成購得，作為馮德文庫收藏在日本東北大學附屬圖書館。

心理學之父馮德的功績

在海德堡大學修完醫學後，進入柏林大學繆勒的生理學研究室。後來也擔任赫爾姆霍茨的助手。馮德曾經擔任過萊比錫大學哲學教授，講授心理學。他將心理學自哲學獨立出來，被稱為「心理學之父」。

馮德（1832－1920）

為何馮德會被稱為心理學之父？

因為1879年他第一個在萊比錫大學開設首座心理學實驗室

（正確來說，並非建立實驗室之故，應該是自這一年起，研究室被納入大學課程，成為制度的一環）

哲學講座 → 心理學的獨立和體系化

使用生理學的方法，說明實驗心理學，將心理學確立為自然科學

用生理學方法，在一定條件下實驗 → 實驗心理學的創立

馮德的學生來自全世界，多人成為獨當一面的心理學家

以克雷佩林、明斯特貝格、斯皮爾曼、鐵欽納、霍爾、維特莫、松本亦太郎、桑田芳藏、野上俊夫為首，後來很多心理學者也受教於馮德門下。

⑤批判馮德的三大學派

精神分析學／完形心理學／功能心理學

馮德當初認為心是心理元素的複合體，展開了結構主義式的心理學。在針對此結構主義的批判導致三大學派的出現。

馮德採用生理學的方法，給予實驗對象刺激，讓其報告意識中顯現出來的變化，再使用**內省法**加以研究。「內省法」看似哲學性的自我省察，但實際上是針對刺激抽出一定的反應（像是痛的刺激會讓人感到疼痛），再將其作為元素進行分析。

根據馮德的主張，心理元素的最小單位有感覺和感情（愉快／不愉快、緊張／鬆弛、興奮／壓抑），感覺和感情複合為心象與情緒等衝動行為。而心理元素是透過聯想和統覺的方式結合成心理複合體。

馮德前期的強烈結構主義主張「心是各元素的集合體」，後來其中心思想卻往統覺偏移，認為「統覺全面且主動統合各元素」。不過，馮德心理學強調結構主義的這一方面，遭到後來三大學派的批判。

結構主義以內省法分析「意識」中顯現的「心理元素」，認為心理元素「建構」了意識。相對於結構主義，**精神分析學**重視「潛意識」甚於「意識」，而**完形心理學**重視「全體」甚於「元素」。**功能心理學**更主張「功能」比意識的「結構」重要。

三大學派批判馮德的結構主義

馮德（1832－1920）

馮德的心理學，是以意識為對象，根據內省法，將顯現於意識的元素加以分析。心理元素所構成的複合體就是意識。由於此結構主義的一面被放大檢視，故而出現批判馮德的三大學派。

馮德理論中結構主義的一面被批判

以內省法研究意識  分析心裡顯現的元素  重視建構意識的元素

三大學派展開批判馮德的結構主義主張

研究潛意識而非「意識」	**全體**比分析元素更重要	**功能**比意識的建構更受重視
精神分析學	完形心理學	功能心理學

佛洛伊德（1856－1939）

韋特墨（1880－1934）

詹姆斯（1842－1910）

⑥企圖全盤掌握人類的心

完形心理學

完形心理學認為人類的心並非心理元素的匯集體，故而批判結構主義心理學。它試圖透過研究知覺的運作，來全盤掌握心。

即使將心理的建構元素一一抽出分析，心也無法全盤地被掌握理解。針對馮德心理學中結構主義的面向做出批判的學派，就是**完形心理學**（gestalt psychology）。

「gestalt」是德語，意為「形狀」或「形態」，一旦分解成要素或組成的各部分，即失去意義，是一種整體的概念。

例如，旋律並不純為音的集合。我們無法一個音一個音加總還原整體，而是要在總和所有構成要素（音）後還要再加上其他成分——形質（gestalt quality）。形質由格拉茲學派的埃倫費斯（Christian von Ehrenfels）命名。

另一方面，柏林學派的韋特墨（Max Wertheimer），以助手科夫卡（**Kurt Koffka**）與柯勒（**Wolfgang Köhler**）（102頁）實驗，研究兩個連續出現的圖形造成移動的錯覺，並命名為**飛現象**（phi phenomenon）。他們甚至發現人在看物體時有簡潔劃一的覺察傾向（=完形組織的作用），稱之為**簡潔的法則**（law of prägnanz，參照左頁）。

結構主義無法說明這種知覺的作用，因其主張每個刺激都有對應的感覺。韋特墨等人自始便認為感覺運作過程中有種成分（形質）能補足整體。

完形心理學的觀點

格拉茲學派

埃倫費斯（1859－1932）

旋律並非音的集合，還有其他的東西

命名為形質（完形性質，又名格式塔）

gestalt是德語，
表示「形狀」、「形態」

柏林學派

韋特墨（1880－1943）

飛現象

看得見忽隱忽現的圖形擺動的現象

簡潔的法則

對於視野中的圖形，
人會傾向於知覺其最單純且有秩序的形態

接近律 ○○ ○○ ○○ ○○
（近的東西看起來集中）

相似律 ○○●●○○●●○○
（相似的東西看起來集中）

閉合律 (　)(　)(　)(　)(　)
（閉合的東西看起來集中）

完形的概念（gestalt：形態、全體）
意識掌握整體，而非結構主義所說的掌握個別要素

⑦潛意識才重要

佛洛伊德的精神分析學

對於探問「意識」的馮德心理學，佛洛伊德從歇斯底里症患者的研究中，開發自由聯想法，創立了精神分析學，將焦點放在人類「潛意識」的精神分析學。

佛洛伊德（Sigmund Freud）的**精神分析學**，被視為批判馮德結構主義心理學的其中一個學派。

相對於馮德要受試者運用內省法報告自己在接受一定刺激時顯現於**意識**中的感覺經驗與感情，佛洛伊德運用夢的分析與自由聯想法探求**潛意識**。

佛洛伊德生於捷克，在維也納大學醫學系學習生理學。但由於是猶太人之故，沒有在大學繼續研究而選擇了臨床醫學之路。曾在以催眠療法聞名的巴黎夏爾科（Jean-Martin Charcot）門下短期留學的佛洛伊德，對於找不到問題卻出現種種身體症狀的歇斯底里（現在稱轉化症或解離症，220～223頁）患者很感興趣。他想到友人精神科醫師布羅伊爾（Josef Breuer）的一位患者，在催眠狀態下，只要回想起與病例相關聯的記憶，症狀就會改善，於是便與布羅伊爾共同研究。

可是，並非人人都能催眠，取代催眠療法的是「人躺在長椅上，自由說出浮上心頭的事物」的**自由聯想法**。佛洛伊德認為歇斯底里的原因是壓抑於潛意識的性幻想，若本人意識到便可改善病狀。

就這樣，佛洛伊德思索人類潛意識，進一步建構出精神分析學的基礎理論。

佛洛伊德創立的精神分析學

佛洛伊德（1856－1939）

問題在於潛意識，而非意識

被壓抑而平時意識不到的領域

意識
前意識
潛意識

佛洛伊德思索的意識和潛意識

佛洛伊德認為歇斯底里症的病因在於被壓抑的「潛意識」

自由聯想法和夢分析著重人潛在的一面

創立**精神分析學**

●馮德的實驗心理學與佛洛伊德的深層心理學的差異

馮德的方法：
根據內省法分析**意識**

報告顯現於自我意識的「感覺經驗」、「感情」、「記憶」

佛洛伊德的方法：
根據自由聯想法分析**潛意識**

給予刺激語，使其自由聯想浮上心頭的事物

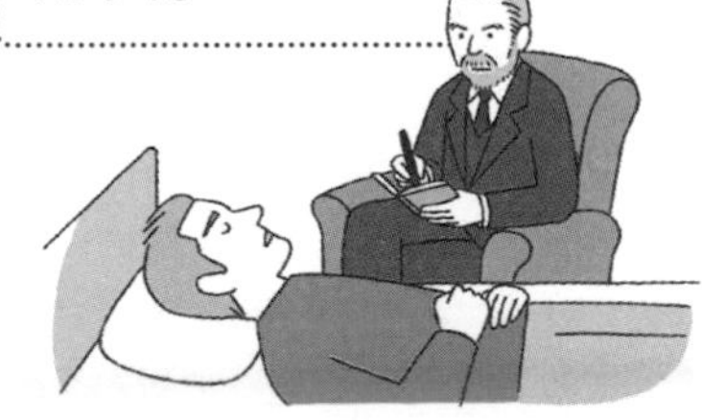

⑧與佛洛伊德的相遇和決裂

榮格的分析心理學

曾被佛洛伊德認可為繼承人的榮格，卻反對佛洛伊德將力比多（libido）侷限於性慾，而展開了自己的理論。

受到佛洛伊德影響的人物相當多，其中最有名的是創立**分析心理學**的榮格（Carl Gustav Jung）。

榮格出生於瑞士，巴賽爾大學醫學系畢業後，在蘇黎世大學成為布魯勒（**Eugen Bleuler**）的弟子。布魯勒是最早擁護佛洛伊德的研究學者，他導入類似佛洛伊德自由聯想法的詞語聯想檢查，而助手榮格將之應用於分裂症患者身上。

榮格要求受測者對某簡單字詞聯想出另一字詞，並計算時間；第二次也聯想同樣字詞，若聯想的字詞與第一次不同或一時語塞，就表示心裡有**情結**（complex）。

藉著研究，榮格對佛洛伊德十分仰慕，交流日益深厚。榮格視佛洛伊德如父，而佛洛伊德則稱榮格為「接任的兒子」。然而，兩人為了佛洛伊德的性慾理論和**力比多**而產生對立，在分道揚鑣之後，榮格展開了自己的**分析心理學**。

例如，佛洛伊德將心分為三層：意識、前意識、潛意識。其後再分為**自我**（根據現實原則進行調整）、**超我**（規範或良心）、**本我**（依從快樂原則的原始衝動慾望），但榮格卻主張**意識**、**個人潛意識**，以及人類共通的**集體潛意識**。

佛洛伊德與榮格的心理學差異

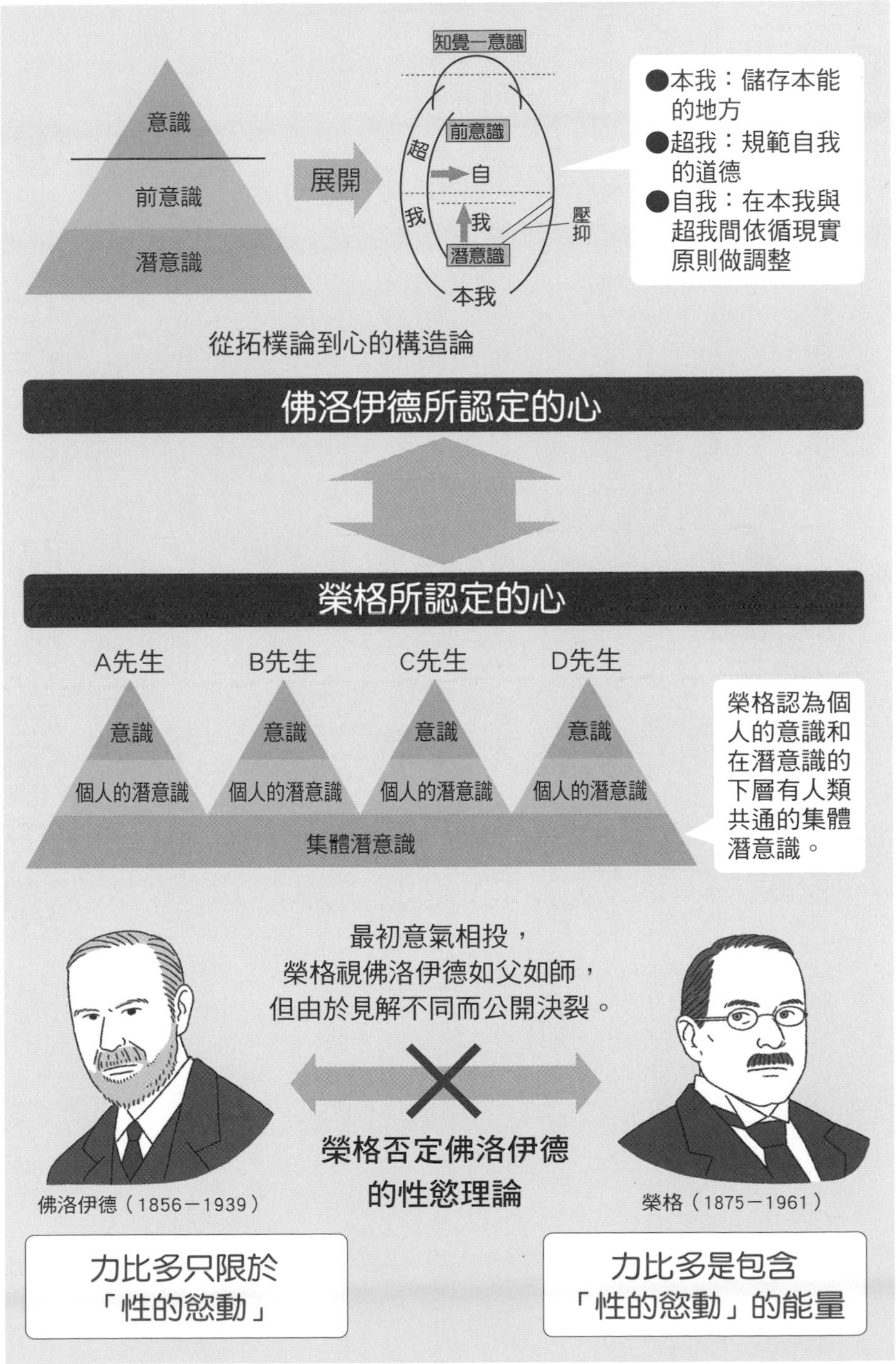

意識
前意識
潛意識

展開

知覺一意識
前意識
超
自
我
我
壓抑
潛意識
本我

●本我：儲存本能的地方
●超我：規範自我的道德
●自我：在本我與超我間依循現實原則做調整

從拓樸論到心的構造論

佛洛伊德所認定的心

榮格所認定的心

A先生	B先生	C先生	D先生
意識	意識	意識	意識
個人的潛意識	個人的潛意識	個人的潛意識	個人的潛意識

集體潛意識

榮格認為個人的意識和在潛意識的下層有人類共通的集體潛意識。

最初意氣相投，
榮格視佛洛伊德如父如師，
但由於見解不同而公開決裂。

佛洛伊德（1856－1939）

榮格否定佛洛伊德的性慾理論

榮格（1875－1961）

力比多只限於「性的慾動」

力比多是包含「性的慾動」的能量

⑨佛洛伊德以降的深層心理學

批判或繼承精神分析的各種學派

佛洛伊德所開拓的深層心理學，雖然其性慾理論等遭受強烈批判，但也影響了許多心理學者，進而產生各種學派。

受到佛洛伊德影響的人物不只有榮格。儘管背離者很多，但不論反對或支持，許多心理學者還是受其影響而產生出新的學派。

如奧地利精神科醫師阿德勒（Alfred Adler）也背離佛氏。佛氏以本我、超我等功能區分人心，著重性壓抑問題。阿德勒認為個體不能分割，克服劣等感比性壓抑重要，因而創立**個體心理學**。

阿德勒影響了佛洛姆（Erich Fromm）、霍爾奈（Karen Horney）、沙利文（Harry Stack Sullivan）等人的**新佛洛伊德學派**。比起佛氏生物學方面的性衝動理論，他們更重視社會、文化的要因。

再者，佛氏小女兒安娜・佛洛伊德（Anna Freud）將父親的自我與防衛機制理論加以整理發展，接著由哈特曼（Heinz Hartmann）確立**自我心理學**，成為精神分析學主要分支流派。埃里克森（Erik H. Erikson）與**自體心理學**的寇哈特（Heinz Kohut）等人就是出自於此。

另一方面，在英國，著重於前伊底帕斯時期的嬰兒與母親之間關係的**客體關係理論**由克萊因（Melanie Klein）創立。而在法國，拉岡（Jacques Lacan）則將佛氏的精神分析理論朝向構造主義發展，大大影響了現代思想的領域。

佛洛伊德以來的深層心理學

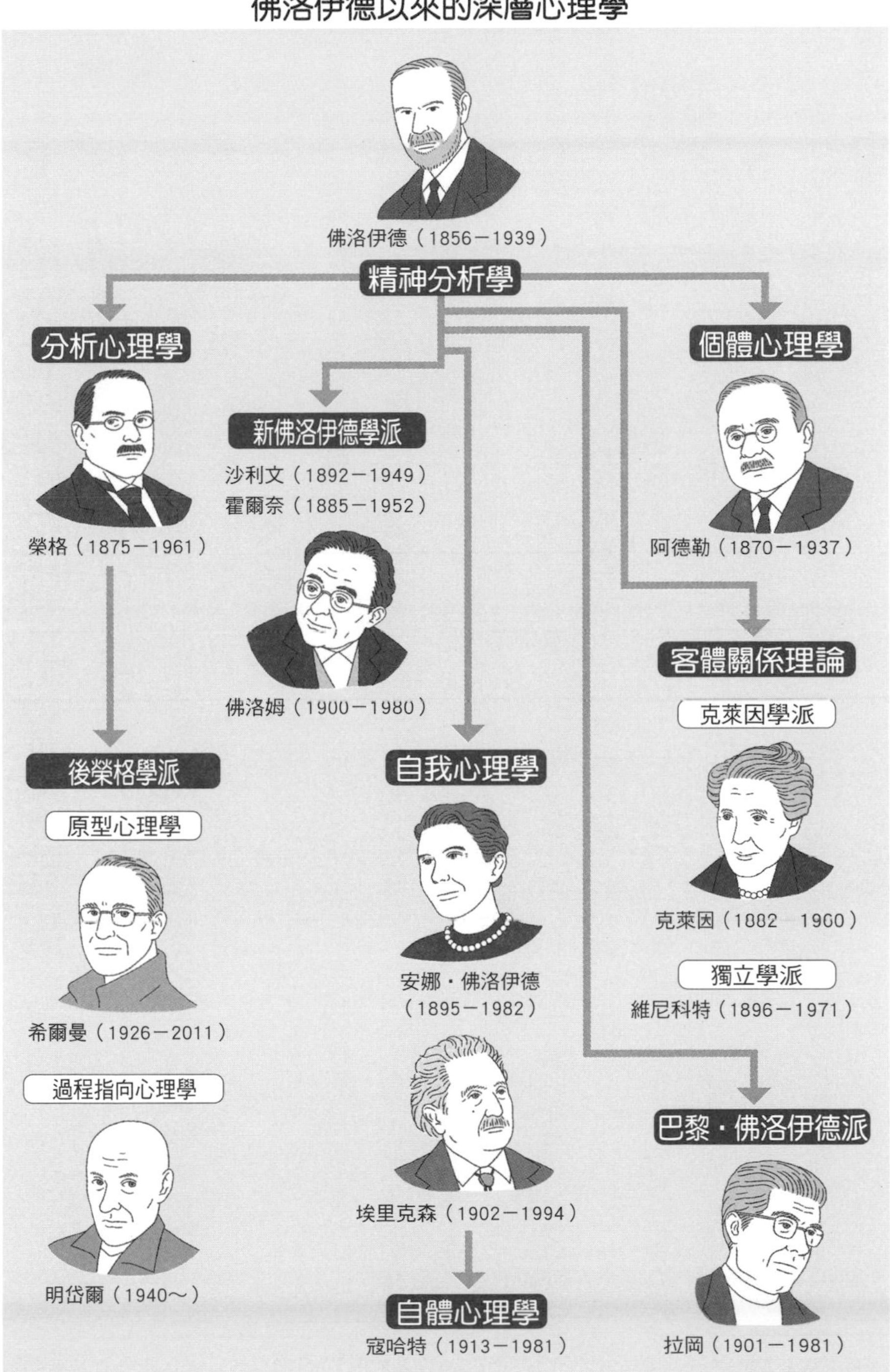
佛洛伊德（1856－1939）
精神分析學
分析心理學
榮格（1875－1961）
後榮格學派
原型心理學
希爾曼（1926－2011）
過程指向心理學
明岱爾（1940～）
新佛洛伊德學派
沙利文（1892－1949）
霍爾奈（1885－1952）
佛洛姆（1900－1980）
自我心理學
安娜・佛洛伊德
（1895－1982）
埃里克森（1902－1994）
自體心理學
寇哈特（1913－1981）
個體心理學
阿德勒（1870－1937）
客體關係理論
克萊因學派
克萊因（1882－1960）
獨立學派
維尼科特（1896－1971）
巴黎・佛洛伊德派
拉岡（1901－1981）

⑩心的功能比建構還要重要

詹姆斯的功能心理學

相對於講求意識「建構」要素的「結構主義」，詹姆斯的功能心理學以適應環境目的，重視意識的「功能」，為後來的行為主義心理學鋪路。

詹姆斯（William James）是19世紀末美國心理學者代表，其後以實用主義（pragmatism）哲學家的身分聞名。他就讀於哈佛大學醫學系，以心理物理學為基礎，在哈佛大學首開「心理學」講席，盡力於創設心理系，也被稱為美國心理學之父。詹姆斯代表的心理學被稱為**功能主義**或**功能心理學**。

在康乃爾大學，馮德的徒弟鐵欽納（Edward Bradford Titchener）等人採取**結構主義**的立場，主張將意識徹底還原為個別的原素。相對地，詹姆斯以進化論為背景，主張意識有助於適應環境，探求意識的「功能」。的確，實用主義頗有美式作風，注重人類適應社會環境時的意識運作與實用功效。

功能心理學，由芝加哥學派知名教育學者杜威（John Dewey）與安吉爾（James Rowland Angell）等人及哥倫比亞學派的桑代克（Edward Lee Thorndike）等人所繼承。探求意識如何適應環境的功能心理學，也進一步與「為了適應而採取何種行為」的課題產生連結，為之後的**行為主義心理學**鋪路。事實上，行為主義者華生（John B. Watson）（32頁）接受了杜威與安吉爾的指導，而**新行為主義**者史基納（Burrhus Frederic Skinner）則是參考了桑代克的實驗。（84頁）

詹姆斯的功能心理學

詹姆斯（1842－1910）

功能才是問題所在，而非結構主義所說的要素

在美國的結構主義心理學

馮德弟子鐵欽納的「結構主義」，不考慮統覺，而想將意識徹底還原為原素。

但是，在功利的美國，結構主義無法生根

結構主義

意識是以何種原素建構？

功能主義

重視意識的實用功能

後來成為實用主義哲學家、也頗為知名的詹姆斯，注重人類適應社會環境時意識的功能和實用的功效。

探求意識如何適應環境的功能主義，為後來的行為主義鋪路。

⑪行為才是對象
華生的行為主義心理學

美國比較心理學者（動物心理學者）華生，徹底批判以內省法分析意識的心理學，確定了科學化的行為主義心理學。

對馮德創始的「意識」心理學提出異議的人，就是美國比較心理學者華生。

他批評馮德以來的內省法無法客觀確認「意識」，因為隨著解釋而變動的數據毫無科學價值。華生的心理學研究對象是能夠觀察的「行為」，取代了不確實的「意識」。藉由測驗給予何種「刺激（S）」，會產生何種「反應（R）」，華生認為行為可以預測與控制。他的**S－R理論**受到巴甫洛夫（Ivan Pavlov）的制約反射說（82頁）影響，認為本能行為頂多是一種後天的條件反應。

例如，華生讓出生約九個月的男嬰阿爾伯特在看見白老鼠的同時，附加上大聲響驚嚇的條件。結果，嬰兒不只有見到白老鼠才會出現恐怖反應，對於白兔等引人聯想的事物也出現同樣反應。透過這樣的實驗，他大發豪語說，如果有人給他十二個健康嬰兒，他就能將他們養育成醫師、律師、藝術家、商人，甚或是小偷。

華生的行為主義很有衝擊性，並且成為美國心理學的一大潮流，其後出現了赫爾（Clark Leonard Hull）及托爾曼（Edward Chace Tolman）等新行為主義者，提倡將連結「刺激與行為」的主體（O）列入考量的**S－O－R理論**。

從意識的心理學到行為的心理學

不用馮德派內省法，應該以行為為對象

華生（1878－1958）

因為眼睛看不見，客觀上無法認定意識

徹底批判馮德以來的內省法

應該以能夠觀察的行為為對象

動物心理學者華生不研究眼睛看不見的「意識」，而是要藉著測量外部給予的「刺激」與「反應（行為）」，研究人類的「行為」。

刺激 反應
S－R理論 → 將行為量化 → 能夠預測與控制

後來的新行動主義提出S－O－R理論，將連結「刺激S與反應R」的有機體（O）列入考量。

刺激 有機體 反應
S－O－R理論

華生所參考的巴甫洛夫制約反射實驗

行為主義成為20世紀前半美國心理學的一個潮流

⑫心理學的四大潮流

人本主義心理學．超個人心理學的出現

相對於始於解釋病理的精神分析學與偏向機械論的行為主義，馬斯洛創立了「人本主義心理學」。再經發展後，誕生了「超個人心理學」。

二十世紀半葉一過，新的心理學潮流在美國興起。它就是被稱為心理學第三潮流的「人本主義心理學」（36頁）。

第一潮流就是佛洛伊德以降的**深層心理學**（24～29頁）。

雖然放眼於內心深處，研究心理運作的過程，但是他們都從人類的病理面出發，像是佛洛伊德研究歇斯底里、榮格研究精神分裂症（思覺失調症），而阿德勒研究自卑感。

另一方面，第二潮流始於華生的**行為主義心理學**（32頁），以「刺激與反應」的行為為研究對象，而非不確實的意識，奠定了客觀的心理科學。但一如其後新行為主義的修正，行為主義的問題在於「刺激與行為」之間欠缺主體，且一概以機械論看待人與動物，完全欠缺對於人類內在的理解。

相對於前兩大潮流，以健康的人為對象，更注重人類主體性的第三心理學出現了。那就是馬斯洛（Abraham Maslow）為代表的**人本主義心理學**，他認為找出活著的意義或價值的心理學是必要的，人應該經由**自我實現**，進而達到**高峰經歷**。這樣的思維發展下去，也就誕生第四潮流的**超個人心理學**（38頁）。

心理學的四大潮流

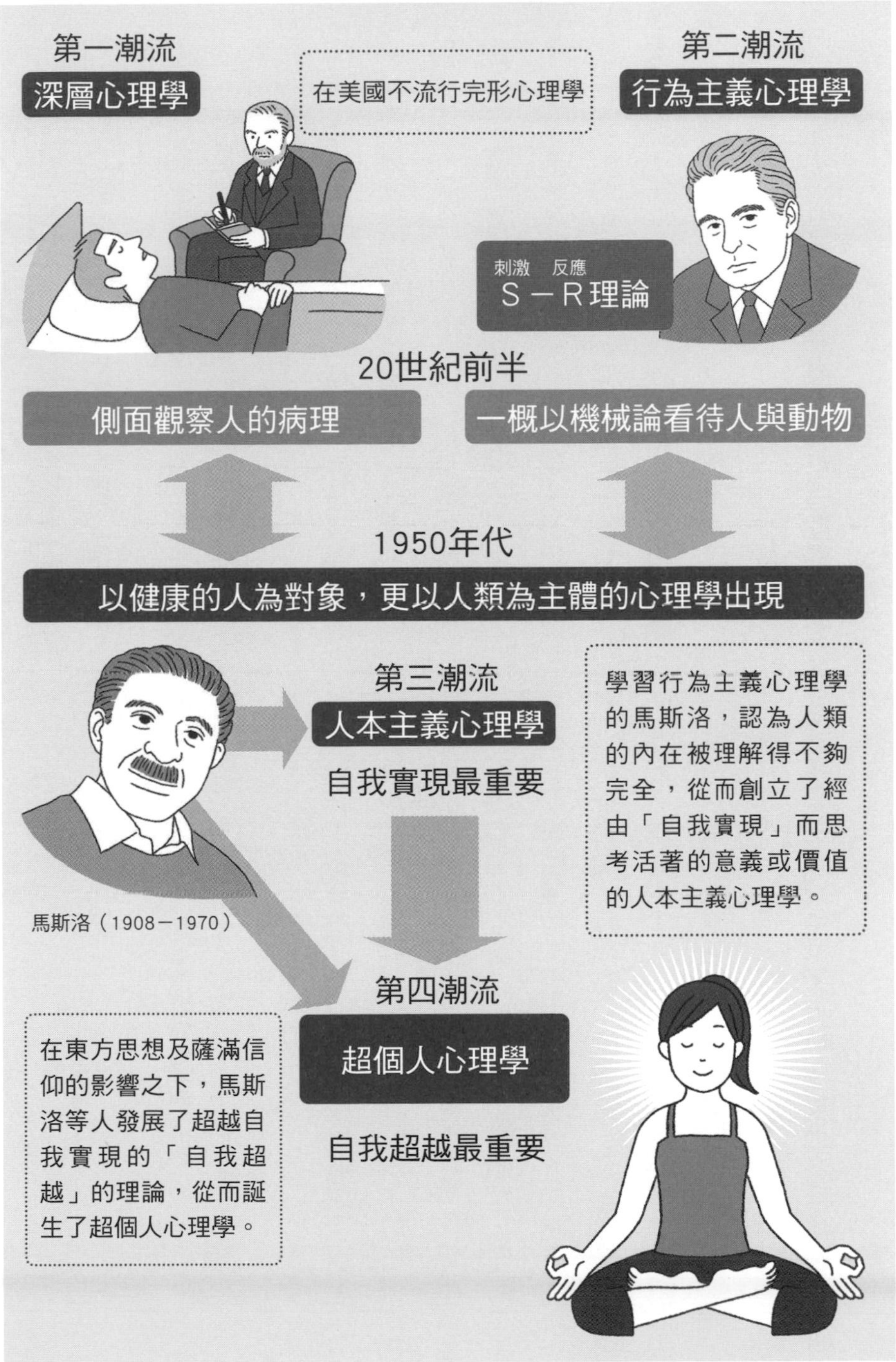

第一潮流

深層心理學

在美國不流行完形心理學

第二潮流

行為主義心理學

刺激 反應
S－R理論

20世紀前半

側面觀察人的病理

一概以機械論看待人與動物

1950年代

以健康的人為對象，更以人類為主體的心理學出現

第三潮流

人本主義心理學

自我實現最重要

學習行為主義心理學的馬斯洛，認為人類的內在被理解得不夠完全，從而創立了經由「自我實現」而思考活著的意義或價值的人本主義心理學。

馬斯洛（1908－1970）

第四潮流

超個人心理學

自我超越最重要

在東方思想及薩滿信仰的影響之下，馬斯洛等人發展了超越自我實現的「自我超越」的理論，從而誕生了超個人心理學。

⑬重視自我實現 馬斯洛的人本主義心理學

既有心理學只考慮因缺乏而產生的需求，而馬斯洛假定人類是以自我實現為目標成長的生物，提倡「人本主義心理學」。

創立人本主義心理學的馬斯洛，注重人類的需求，提倡需求層次理論。如左圖所示，一個五層的金字塔構造，代表人在滿足基本的最低需求後，便會追求更上一層的需求。

最下層的需求，是最基本的吃、睡、排泄等所謂生存不可或缺的**生理需求**，其次就是守護身體安全的**安全需求**。第三是追求伙伴或情人的**愛與所屬的需求**，第四是想被他人認可的**自尊的需求**。

直至目前為止的需求，都是需求自己欠缺的東西的匱乏性需求，其中有許多都是時下心理學所思考的行為動機。但是，馬斯洛認為無法僅以**匱乏性需求**說明人是什麼，而是要以**成長需求**說明。他將自我實現的需求置於需求的最高層次。馬斯洛認為人類在成長過程中，經常以更上一層的需求為目標，通過此一由下層到上層的需求過程，從而掌握活著的意義與價值。

另一方面，羅傑斯（Carl Rogers）從臨床醫學的立場，基於人本主義心理學，進而提倡重視個人自我實現傾向的**當事人中心療法**（238頁）。

以自我實現為目標的人本主義心理學

馬斯洛（1908－1970）

既有的心理學

人類行為的原因＝匱乏性需求

人類具有
追求高度價值的「成長需求」

通過「自我實現」，創立思考活著的意義或價值的人本主義心理學

馬斯洛的需求階層典型

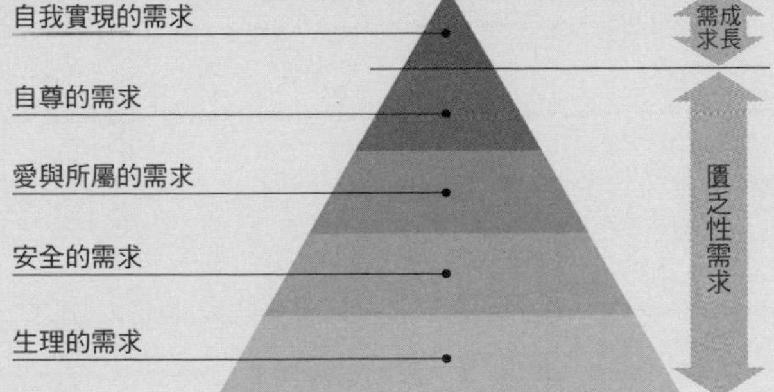

從人本主義心理學產生的心理療法

當事人中心療法

羅傑斯將所謂的病患，稱呼為client（當事人），相信他們自我實現的能力，重視被治療者的人性。

羅傑斯（1902－1987）

⑭以自我超越為目標

思考人類存在的超個人心理學

受到東方思想及薩滿信仰影響的馬斯洛等人，進一步發展「自我超越」理論，試圖超越人本主義心理學的「自我實現」主張，從而誕生了「超個人心理學」。

創立人本主義心理學，展開自我實現心理學的馬斯洛，受到薩滿信仰或道教等靈性思想的影響，他思考超越自我實現的領域——**自我超越**，漸漸地以**高峰經歷**為目標。在此一連動的形勢下，一九六〇年代的美國興起了人類潛能運動，試圖恢復人類潛能、解放身心以得到高峰經歷。自我超越與高峰經歷的概念被發展起來，誕生了在超越個人的領域中以精神統合為目標的**超個人心理學**。

「超個人心理學」的「超」，指的就是超越（trans）；「個人」就是「personal」的意思，其志在超越個人意識行動次元、邁向宇宙天命等更高次元以達到自我統合。「超個人心理學」所踏入的，是宗教與哲學曾經涉及、而標榜近代科學的心理學未探討過的領域。

曾以超個人心理學的旗手自許的威爾柏（Kenneth Earl Wilber II），嘗試整合「以自我實現為目標的西洋心理學」與「以自我超越為目標的東方思想」，並且展開生命週期循環的論述，主張從「前個人」、「個人」、「超個人」等各別階段中覺醒以享受整個世界。

所謂的超個人心理學

東方思想或薩滿信仰的影響

↓

「自我實現」的人本主義心理學

↓

邁向「自我超越」的領域

↓

超個人心理學的誕生

超越自我、他人，而以將宇宙及其意識一體化為目標

馬斯洛（1908－1970）

受到薩滿信仰或道教等心靈感召影響的馬斯洛等人，發展了超越自我實現的「自我超越」的理論，從而誕生了以超越個人領域而統一精神為目標的超個人心理學。

■威爾柏的意識改觀論

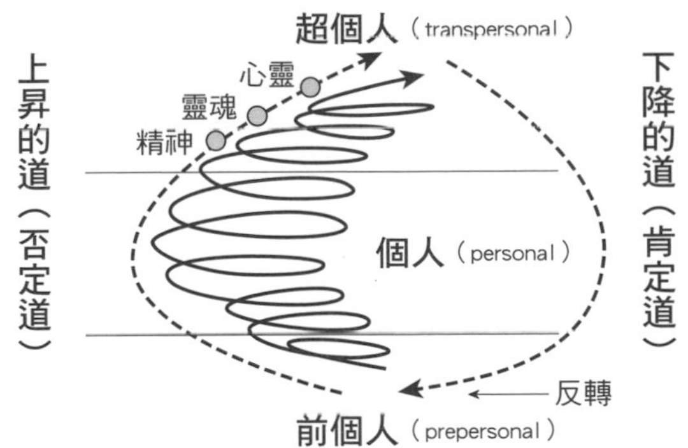

引自諸富祥彥著《超個人心理學入門》

威爾柏將以自我實現為目標的西洋心理學，與以超越自己為目標的東方思想統整，從而展開所謂前個人、個人、超個人的循環生命週期。

威爾柏（1949－）

超個人心理學是討論靈魂或開悟等領域的心理學，在過去宗教曾涉及此領域，而近代理性主義則是將之屏棄。

⑮ 專業分工的現代心理學

現代架構下的心理學領域

到二十世紀後半，由於科技發展和時代要求，並且隨著各種研究領域的觸及，心理學更加細分化與專業化。

在變化激烈的現代社會裡，心理學也日益發展進化。例如，一九五〇年代以來，隨著電腦等資訊科學的發展，將人類知覺活動視為一種「訊息處理過程」的**認知心理學**出現了，而且發展極其神速。此外，隨著產業社會的進展，從**社會心理學**之中，也興起**工業心理學**與**廣告心理學**等的進一步分工。**發展心理學**的領域，從來都是以嬰兒到成人為主要處理重心，但由於電腦斷層掃描等的出現，**胎兒心理學**的領域被開拓了，而因為高齡化社會的進展，促使人們持續思考生涯成長，形成**生涯發展心理學**。再者，由於諮商等的發展，社會上日益要求與期待的領域則是給予內心煩惱回應及支持的**臨床心理學**。

這些現代心理學的領域，大致區分可如左圖所示，可分為重視理論的**基礎心理學**和因應現實課題的**應用心理學**。其中主要領域有基礎心理學中的**認知心理學**（第2章）、**學習心理學**（第3章），以及應用心理學中的**社會心理學**（第4章）、**發展心理學**（第5章）、**人格心理學**（第6章）、**臨床心理學**（第7章）。現代心理學呼應了時代變化而有日漸擴展且專業化的傾向。

專業分工化的現代心理學

現代心理學

基礎心理學

生理心理學
- 睡眠心理學
- 感情心理學
- 神經心理學

認知心理學（第2章）
- 音樂心理學
- 人工智能
- 人類工學
- 語言心理學
- 知覺心理學

學習心理學（第3章）
- 進化心理學
- 比較心理學
- 行動心理學
- 智能心理學

應用心理學

社會心理學（第4章）
- 產業心理學
- 管理心理學
- 廣告心理學
- 政治心理學
- 交通心理學
- 災害心理學
- 裁判心理學
- 環境心理學

發展心理學（第5章）
- 胎兒心理學
- 嬰兒心理學
- 兒童心理學
- 青年心理學
- 老年心理學

教育心理學
- 障害心理學
- 道德心理學
- 學校心理學

人格心理學（第6章）
- 犯罪心理學
- 變態心理學

臨床心理學（第7章）
- 諮商心理學
- 健康心理學
- 家族心理學
- 看護心理學
- 福祉心理學

⑯與多元學問之間的合作

與各種學問連結且跨學科化的心理學

心理學自其誕生，即與各種相關的科學連動發展。心理學的學習，有必要具備與多元學問合作的跨學科視野。

如前文所述，心理學以哲學作為母體，受到醫學的生理學以及進化論的生物學影響，而誕生心理學的前身——心理物理學。受到近代科學洗禮的心理學以重視實證客觀性的學問自居，從哲學獨立了出來。

如此，心理學從其誕生的時候起，即一面與哲學、醫學、生物學、物理學等諸科學連結，一面發展成**跨學科**的學問。心理學的特徵究就是跨學科，這說法不過分吧。

反過來說，若無「與諸科學連結」此前提，心理學就無法成為一門學問吧。例如，沒有生物學的進化論背景，比較心理學（動物心理學）便不會誕生，更不會有後來的行為主義心理學。如果沒有近年資訊工學的顯著發展，就沒有認知心理學的興盛吧。如果沒有社會學和文化人類學，或者管理學及經濟學的豐富知識，當然也就不會有社會心理學與組織心理學的發展。此外，一旦與宗教學和東方哲學沒有關聯，榮格心理學和超個人心理學的理論，自然也會變得不同。

想要學習如此受到相關各科學影響而發展起來的心理學，具備廣大興趣及跨學科學習的態度是必要的。

與多元學問合作的心理學

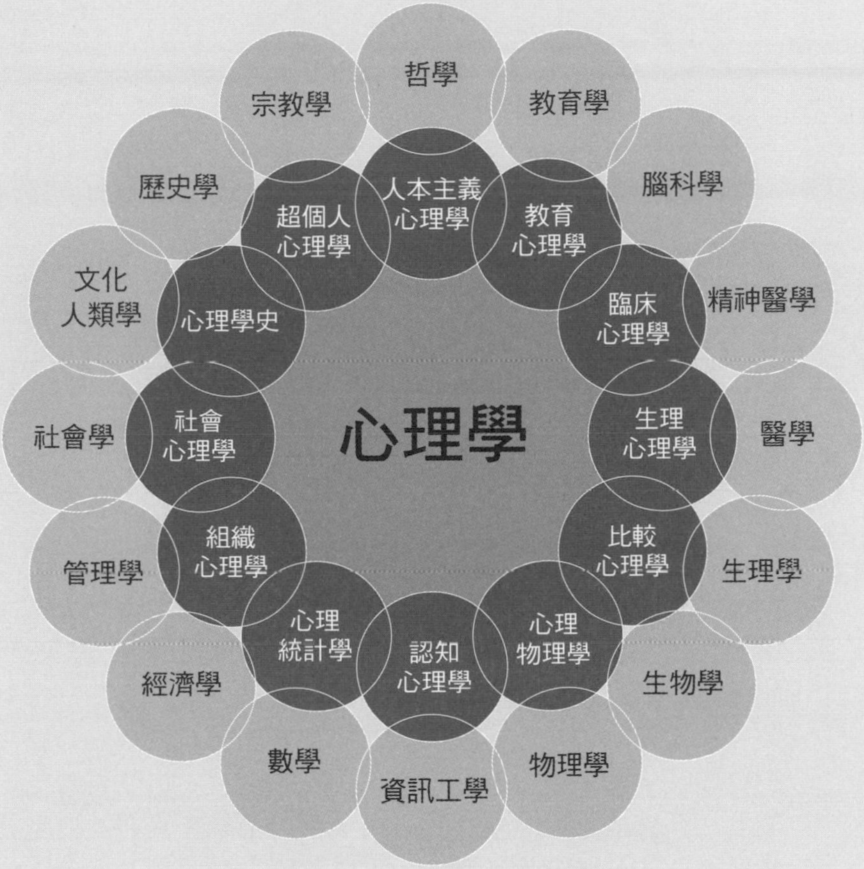

立基於自然科學的方法論、從哲學獨立出來的心理學，一面與所有的學問連結，一面跨學科發展

因此，不能拘泥於單一的專門心理學，橫向的學習是必要的。

Column 1

綜觀心理學——跨越細分化的專業性

現在的心理學，分工愈來愈細，愈來愈專業化。但是，説到底心理學研究者並不會意識到自己是「青年心理學者」還是「交通心理學者」。那不過是依據研究領域與成果所給的權宜分類，研究者一開始並沒有採行特定的研究架構。其實大部分研究者抱持的願景，是希望更全面掌握人類的心理。

以「嬰幼兒心理學」為例，研究者本著對人類心理成長與發展的興趣，然後，只不過選了尚在發展初期、未有太多成長經驗的嬰幼兒作為研究對象，並非以「嬰幼兒專家」為職志。

至於筆者，個人對於「人的信念會如何改變人的行動？」此議題有興趣，便選了高中以上、能在問卷上準確填答的男女作為研究對象，結果在研究教育現場的領域中有了成果。不過當別人介紹我是「教育心理學者」的時候，心底總覺得彆扭。

結論是，雖然專業分化有其必要，但最重要的是從整體心理學綜觀人類的視野。本書構成為：第2章「認知心理學」、第3章「學習心理學」、第4章「社會心理學」、第5章「發展心理學」、第6章「人格心理學」、第7章「臨床心理學」。這是一時權宜的架構，還是建議讀者能留意學問之間的錯縱交會，並進行橫向的整合閱讀。

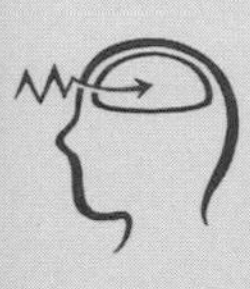

Part 2

瞭解心的運作機制吧！知覺與認知的心理學

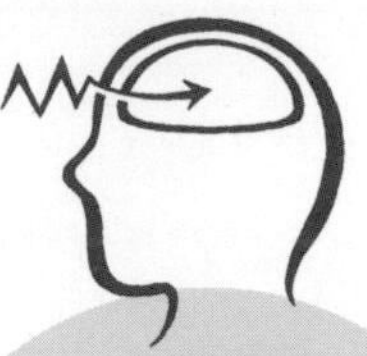

①心是訊息處理的機制

認知心理學的出現

認知心理學在現代心理學中占有一席之地。受到資訊工程和電腦的影響，試圖解讀心理運作機制的認知心理學誕生了。

華生在二十世紀初提倡的行為主義（32頁）經過發展，成為新行為主義，從一九三〇年代到四〇年代，一直是美國心理學的一大潮流。

說起來，行動主義只從刺激（S）與反應（R）探討行為，因此科學無法實證的意識過程，被當作內容物未知的黑箱（black box）處理。總而言之，就算多少將有機體（O，例如人或動物）納入考量，其意識過程也不被討論，關於記憶、思考、推論等認知的研究完全無進展。

不過，一到了一九五〇年代，狀況為之一變。伴隨著研究資訊理論的資訊工程誕生與電腦技術的發展，人工智能的研究也有了斬獲。人們的目光焦點隨之移到以往被視為黑箱的問題——「人類如何處理訊息與認知？」認知心理學便疾速地發展起來。

認知心理學，一言以蔽之，是一種視人類心理為複雜訊息處理系統，且試圖藉由解讀訊息處理過程以理解人類的想法。其研究範疇，從**感覺**／**知覺**開始，以至**記憶**、**言語**、**感情**、**思考**等人類種種活動。第2章則從探討人類心理如何掌握世界的認知心理學研究開始。

興起於電腦時代的認知心理學

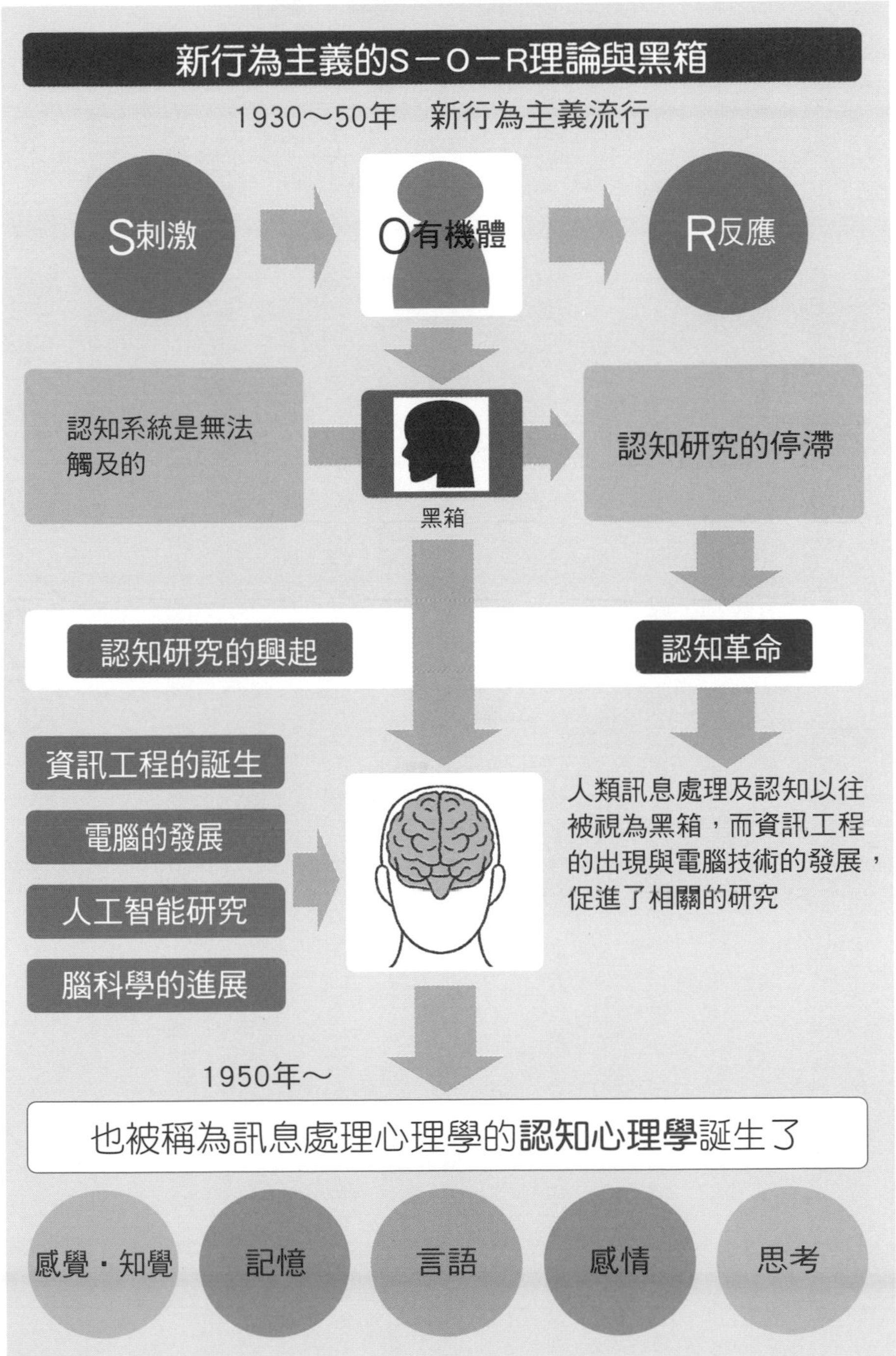
新行為主義的S－O－R理論與黑箱
1930～50年 新行為主義流行
S刺激
O有機體
R反應
認知系統是無法觸及的
黑箱
認知研究的停滯
認知研究的興起
認知革命
資訊工程的誕生
電腦的發展
人工智能研究
腦科學的進展
人類訊息處理及認知以往被視為黑箱，而資訊工程的出現與電腦技術的發展，促進了相關的研究
1950年～
也被稱為訊息處理心理學的認知心理學誕生了
感覺・知覺
記憶
言語
感情
思考

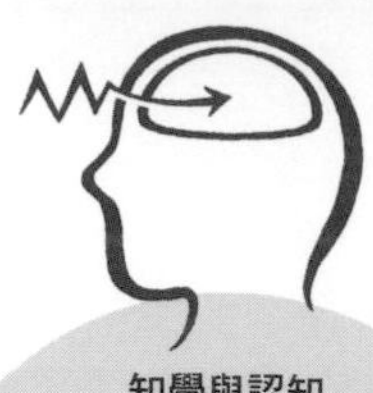

②感覺／知覺／認知

認知環境的機制

適應環境前不能不先認知外在世界，認知的方法有「感覺」、「知覺」和「認知」。那麼，其中的差異究竟為何？

人為了生存，就必須要知道自己所處的環境，並做出行動對應。因此，根據特定的感受器官來接收外界刺激。這就是**感覺**，例如：有視覺、聽覺、嗅覺、味覺、觸覺（皮膚感覺）等**五感**，也有運動感覺、平衡感覺，以及內臟感覺。

而**知覺**則以「感覺」為基礎處理訊息並加以辨識。以視覺這種感覺為例，當我們見到東西時，該物體是什麼顏色、何種形狀、尺寸多大，這認識過程就是知覺。「知覺」基本上都有與之相應的對象，但是有時「知覺」會缺少「感覺」的對象，那就是「幻覺」。

那麼，**認知**是什麼？基本上它不單是當下的「感覺」和「知覺」，而是像記憶與推論等處理訊息的全盤活動總稱。我們基於「認知」而獲得知識，進而適應環境。

即使給予相同刺激與環境，我們的感受方式和行動會因人而異，這是因為即便使用「感覺」接收相同訊息、產生相同「知覺」，但是由於過去記憶及推論等不同，「認知」上就會不一樣。

感覺、知覺、認知的差異

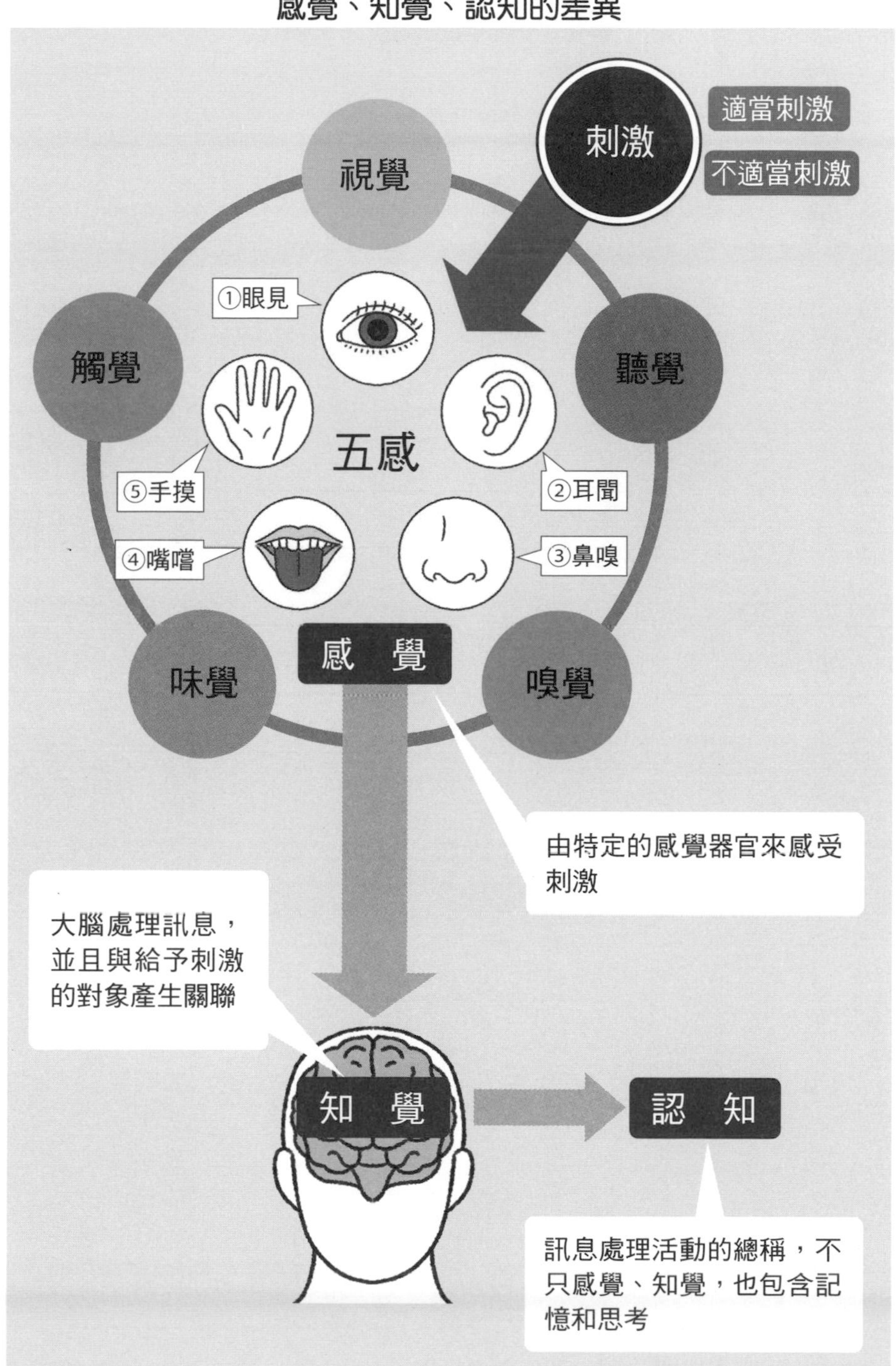

刺激
適當刺激
不適當刺激
視覺
聽覺
嗅覺
味覺
觸覺
①眼見
②耳聞
③鼻嗅
④嘴嚐
⑤手摸
五感
感 覺
由特定的感覺器官來感受刺激
大腦處理訊息，並且與給予刺激的對象產生關聯
知 覺
認 知
訊息處理活動的總稱，不只感覺、知覺，也包含記憶和思考

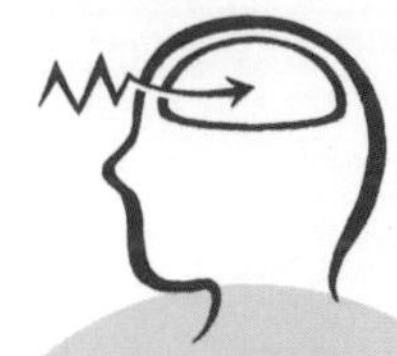

③視覺的作用

看的方式也會改變的視覺訊息處理

對人類來說很重要的視覺訊息，不會單純地被當作「映在視網膜上的感覺」處理。而是有各種知覺訊息處理在運作。

視覺在五感之中訊息量最多，有一種說法說，訊息大約九成依賴視覺。但是，映入眼簾的訊息的處理並非如此直接。

事實上，我們所**知覺**的世界，是三度次元的空間，但映在視網膜的是二次元影像，知覺的訊息處理便是以此為基礎進行。同理，朋友從4公尺前跑過來，在接近2公尺時雖然視網膜的映像變成2倍，但我們並不覺得朋友的身高加倍，這就叫**大小的恆常性**。我們的知覺傾向安定的認知，而大小恆常性就是知覺處理訊息的結果。

再者，分辨事物也靠大部分的知覺訊息處理。例如，完形心理學（22頁）的章節曾介紹人有將相接或閉合圖案視為整體的傾向。這是因為完形的心理運作，讓我們把事物看作或感覺為一個整體。

左頁的「魯賓之杯」，一旦注視白色部分，黑色部分就會看起來像兩張側臉。這就是「圖地反轉圖形」——一旦將某處認作「圖」（主體），別處就只會看作「地」（背景）。其原理也來自**完形組織法則**的心理運作。同樣地，「老太婆與小姐」也是一認出小姐，老太婆就消失了。

其他也有透過比對上下文脈絡及圖案模式來認識外界的模式識別（pattern recognition）。

視覺的訊息處理

知覺的恆常性

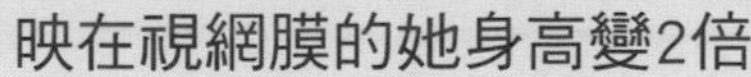

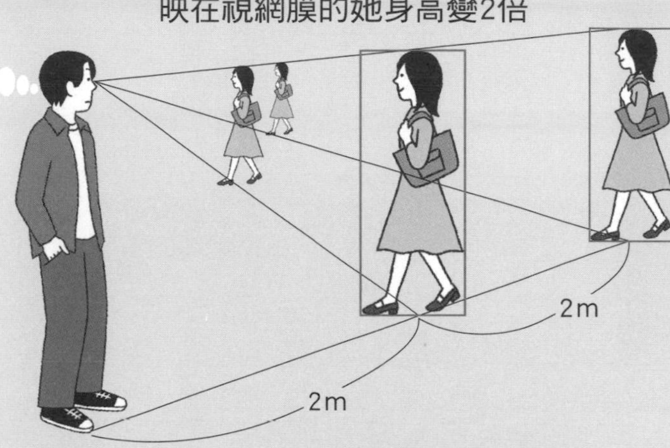

在知覺上，她的身高一點都沒變 → 大小的「恆常性」

完形組織的例子

魯賓之杯

老太婆與小姐

模式識別：以上下文脈絡為例

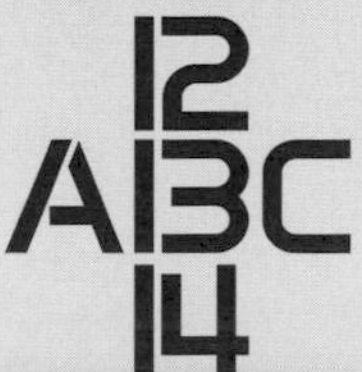

從數字和文字的角度，13也可以看作B

TAE CAT

相同形狀在文脈中卻可看作H和A

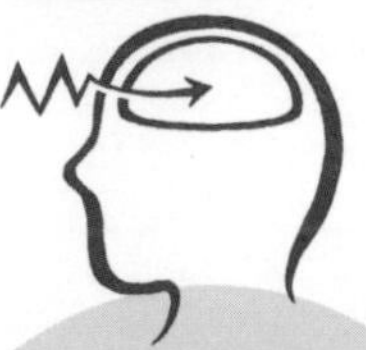

④各種的錯視

知覺的訊息處理與現實產生落差

這世界占有各種欺騙我們知覺的幾何學錯視圖形。與現實不一致的「錯視」和「錯覺」也是從通常的認知之中產生。

先前已說過，我們「正在看」的事物，並不是單純映在視網膜的影像，而是一連串知覺處理訊息的過程。經由知覺處理訊息的程序而歪曲現實的認知，就是**錯覺**。

所謂「錯覺」，一般都是表示「錯誤」或「搞錯」的說法，像是「對不起，是我的錯覺」等。但是許多人一定有在正常狀態下即使發覺錯誤也無法修正的知覺歪曲經驗，若是視覺的錯覺，心理學特別稱之為**錯視**。

在錯視上有各式各樣的發現。像是：卡尼札的三角形（可以看到主觀輪廓所未描繪的三角形）、傑魯那錯視（看起來沒有平行的平行線）以及赫林錯視與馮德錯視（平行的直線會彎曲），還有弗雷澤錯視（乍看之下以為是漩渦但其實是重疊同心圓）也很有名。

有人認為錯視的原因是**完形組織法則**或**恆常性法則**（50頁），但並沒有統一的理論。不過錯覺是普通知覺的一種，這點是沒有錯的，例如，如果同時在建築物內牆角與外牆角上看到兩條繆氏矢狀線條，雖然長度相同，但是兩端打開的線條看起來比較遠，也比較長。錯視也被認為是為了**適應環境**的一種知覺進化。

簡單造成錯視的幾何學圖形

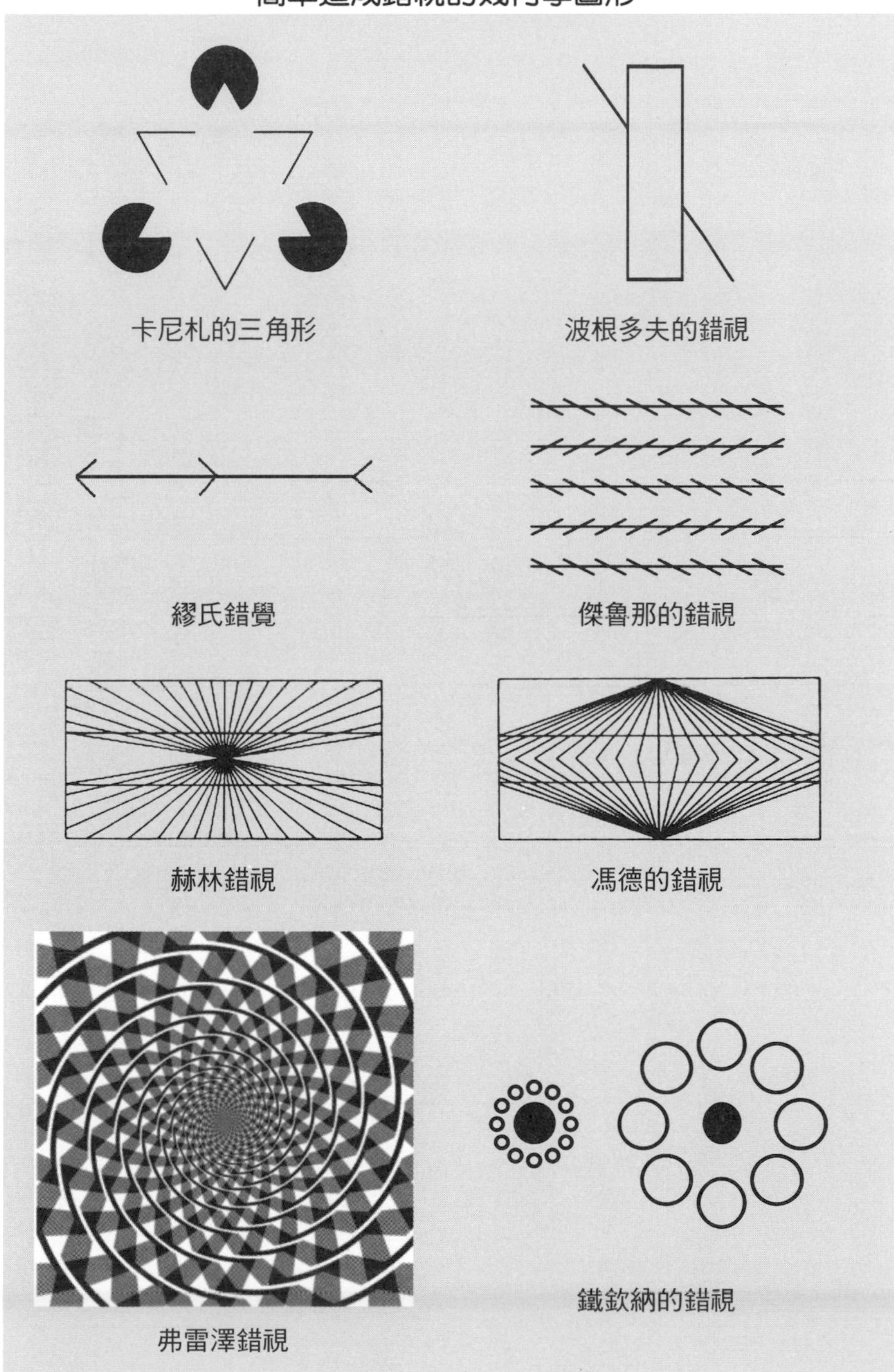

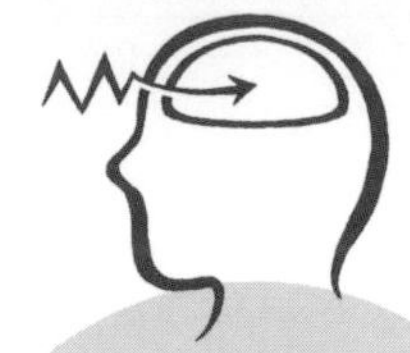

知覺與認知

⑤老是聽到別人說自己壞話？

聽見別人議論自己的雞尾酒會效應

為了有效處理訊息，我們的認知會選擇性注意。老是聽到別人說自己壞話，這種情況也有心理學驗證。

在熱鬧的宴會上與熟人交談時，你是否有過即使周遭鬧烘烘也聽得見對方聲音的經驗？這就是一般所稱的雞尾酒會效應。當遠處有人在毀謗或議論自己，你就能聽見，這也是一種**雞尾酒會效應**（cocktail party effect）吧。

我們一般就是這樣很自然地從眾多訊息中選擇資訊。這叫作**選擇性注意**（selective attention），「雞尾酒會效應」也是其中一個例子。

研究選擇性注意的柴瑞（Colin Cherry）曾進行「雙耳分聽實驗」，利用耳機分別給予受測者左右耳不同的訊息，並要求同時複誦其中一邊的語句。結果受測者幾乎不記得另一側無複誦的語句，也不會發現英語變成德語、倒帶播放的情形。不過，當發聲者性別改變時就會被發現。

布羅德本特（Donald E. Broadbent）從此實驗中思考出注意力的**過濾模式**（filter model），認為不受注意的訊息會被過濾掉。特麗斯曼（Anne Treisman）則提出**減弱模式**（attenuation model），認為注意的量是一定的，不受注意的訊息流量就會衰減。

挑選訊息的選擇性注意

雞尾酒會效應

即使在宴會那樣吵雜的場所
也能夠聽取對方的聲音而交談

耳朵一聽到別人對自己的閒言閒語
就會聽不見交談者的對話

柴瑞的雙耳分聽實驗

右耳

…然後、
之後…

左耳

…貓、家，
跑…

然後，
之後……

只複誦從右耳聽到的聲音

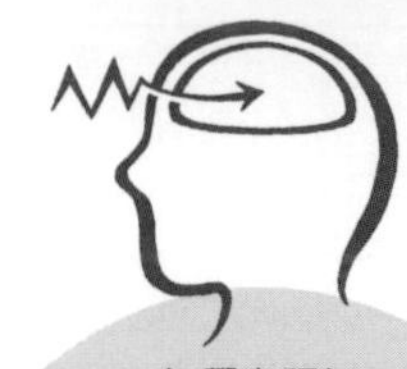

⑥強烈的香水味讓體臭消失了？

感覺的遮蔽效應

就像音量大的聲音會消除音量小的聲音，強烈刺激會覆蓋微弱刺激，這叫作遮蔽效應，在生活中各種情況都會出現。

與雞尾酒會效應相反，如果說話時周遭雜音轟隆四起，就會忽然聽不到彼此對話，你應該也有這種經驗。

這種轟隆雜音完全遮蔽（覆蓋）對話聲音的現象叫作**遮蔽效應**（masking effect）。遮蔽效應不限於聽覺，是某一刺激被於其他刺激遮蓋、變弱的現象。

例如，以前歐洲的王公貴族沒有經常入浴的習慣，據說為了要遮蔽體臭而大量使用香水。廁所的芳香劑再多，也不是除臭，而是以強烈香味遮蔽惡臭。此外，辛香料、蒜頭、生薑等有刺激強烈之物，使用於氣味強烈的食材，也可說是味覺的遮蔽。

自古以來被當作生活智慧應用的遮蔽效應，最近紛紛被運用在各種領域。比較生活化的例子有：利用消音裝置，讓音量大的流水聲來遮蔽上廁所的聲音。

在更進一步的高科技領域，數位數據的壓縮技術也使用了遮蔽效應。利用遮蔽效應將人耳聽不到的聲音數據消除，就能使用在影音數據的壓縮上。

各種遮蔽效應

聽覺的遮蔽效應

在噪音強烈的場所
交談的聲音會聽不到

嗅覺的遮蔽效應

強烈的香水味和
芳香劑也都是依靠
遮蔽效應消除臭味

味覺的遮蔽效應

辛香料、蒜頭、生薑等遮蔽了料理的味覺

利用遮蔽效應的最新應用

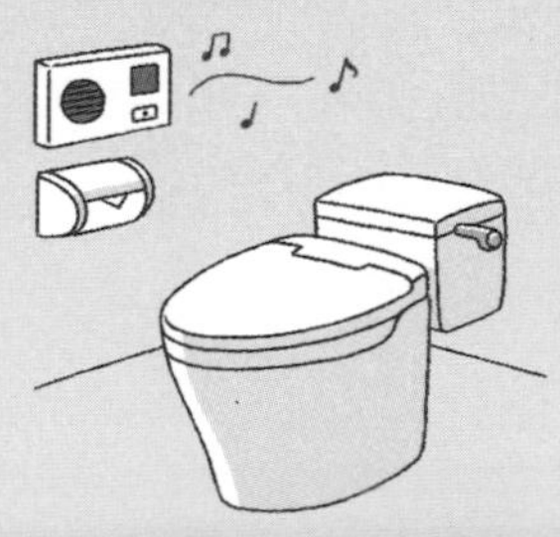

廁所的消音裝置

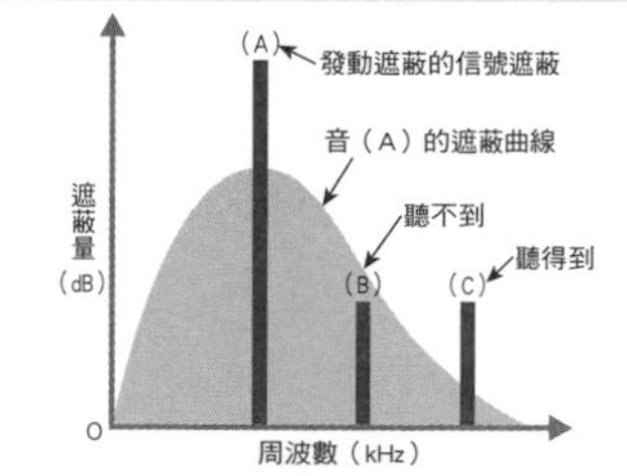

利用遮蔽效應的數位壓縮技術

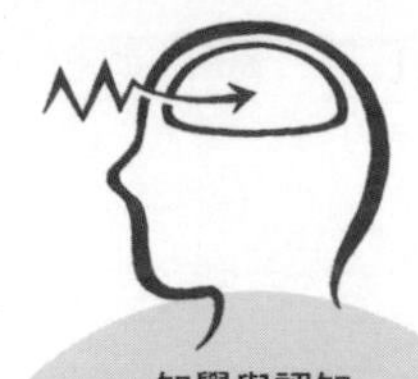

⑦立刻反應在眉間的皺紋上

臉與表情認知的心理

我們從人臉接收各種訊息。不同於一般的物體認知，這種臉孔辨識很特殊，尤其對於憤怒表情的反應更是飛快。

在視覺認知之中，**臉孔辨識**不同於一般認知物體的方法。

物體的認知，一般認為是藉由抽出部分特徵以認知物體；臉部的認知，因為顛倒之後就很難再次辨認，所以是屬於整體性的認知，而且辨認熟人的機制也同時運作其中。

例如，布魯士與楊格（Bruce & Young）製作了左圖的臉認知模型，依此模型假設表情的辨識過程：分析臉孔的表情與非表情特徵，再將分析結果與記憶中的臉孔比對，最後提取出姓名資訊。

除了臉孔有獨立的特定認知方式，連臉部的表情也是。例如，艾克曼（Paul Ekman）提出謂**基本情緒說**，將對應「喜悅」「悲傷」「憤怒」「恐怖」「嫌惡」「驚訝」等感情的表情視為基本表情，是縱然國家文化不同也不會改變的共通表情。另一方面，以施洛斯伯格（H. Schlosberg）為首的研究者，提出「快／不快」「注目／拒絕」「活躍程度」的**情緒三維度理論**。

還有研究指出各種表情之中人對於憤怒表情反應最快的**憤怒優先效應**。這被認為是在進化的過程中，為了立即察覺危險而產生的一種能力。

表情認知的結構

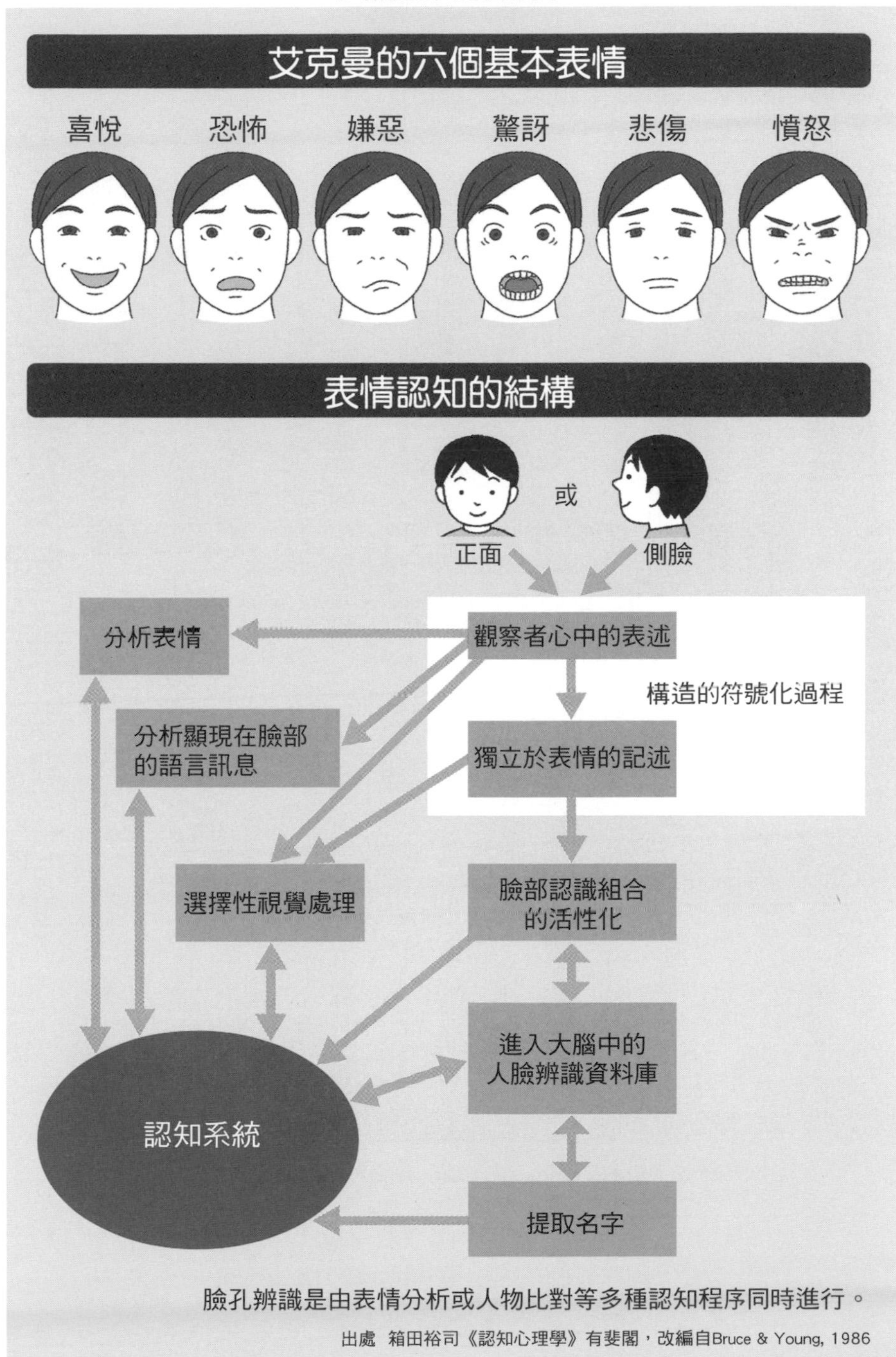

出處　箱田裕司《認知心理學》有斐閣，改編自Bruce & Young, 1986

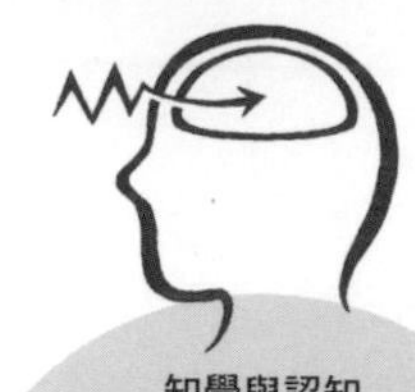

⑧知覺的新見解

何謂 Afforfance 理論？

思考生物與環境之間關係的吉卜森從生態學研究中催生了心理學未有的全新知覺理論。那就是 Affordance 理論。

以往的理論認為，所謂知覺是感覺器官接收數據時將其加工處理的過程。而美國知覺心理學者吉卜森（James J. Gibson）則提出與以往認知心理學觀點截然不同的**Affordance理論**。

afford就是「能夠提供、給予」的意思，Affordance理論認為，生物會認知到環境中的物理特性給予生物什麼功能上的意義。

例如，眼前有一張椅子，以往認為人會從椅子的顏色或形狀、大小等特徵去知覺，在Affordance理論中則是認為，人會認為眼前這張椅子，是可以坐的東西、可以當作檯面使用、可以當作室內裝飾、也可以當作大風吹遊戲的道具，即從「椅子能提供我們什麼（affordance）？」的角度來知覺一切。反過來說，知覺的目的就是發掘環境或周遭事物能給予人或生物怎麼的機能並加以活用。

思考與環境關係的Affordance理論，影響了設計等領域，進而創作出高可用性（usability）的產品。

全新的Affordance理論

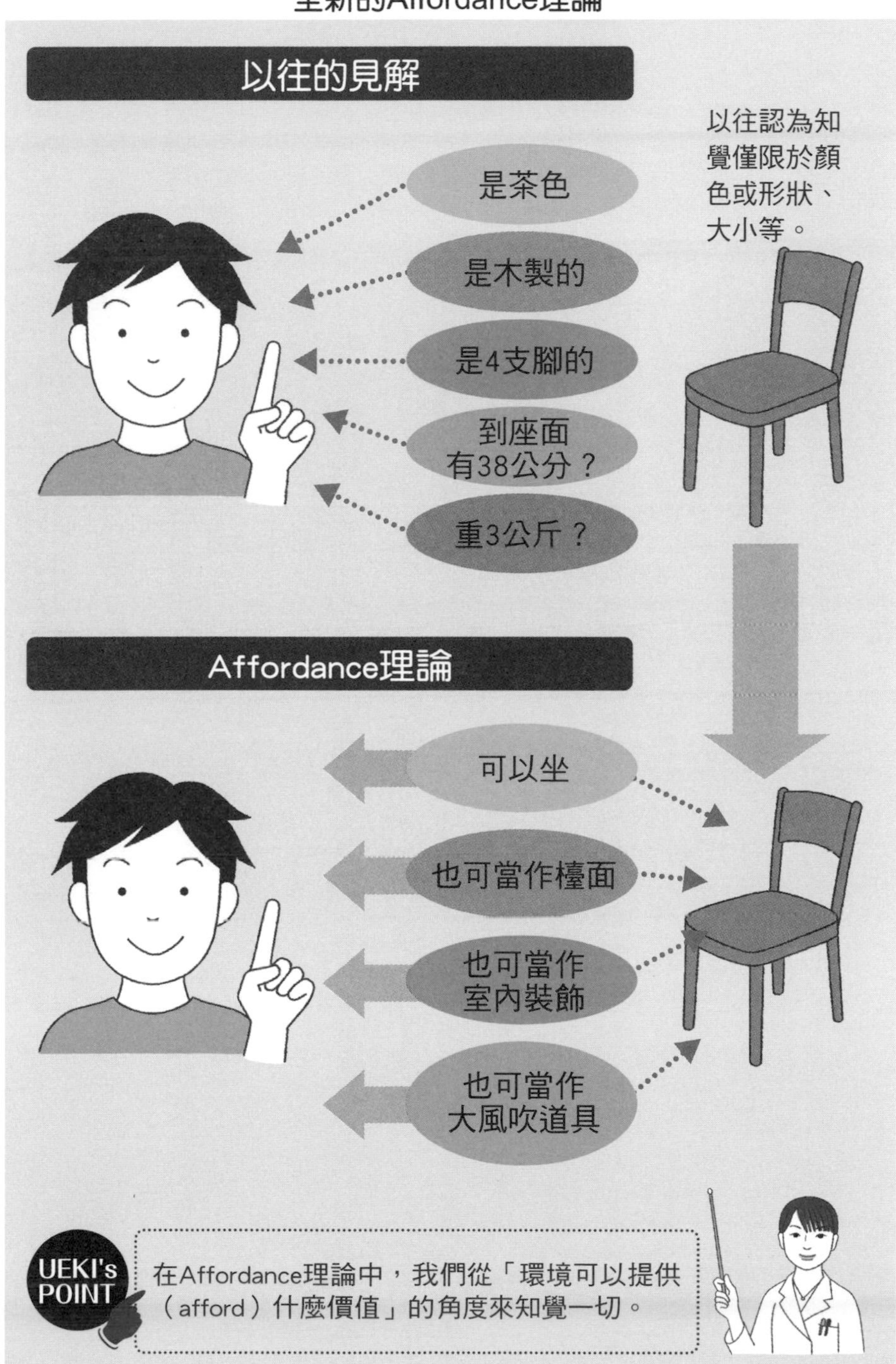
以往的見解
以往認為知覺僅限於顏色或形狀、大小等。
是茶色
是木製的
是4支腳的
到座面有38公分？
重3公斤？
Affordance理論
可以坐
也可當作檯面
也可當作室內裝飾
也可當作大風吹道具
UEKI's POINT
在Affordance理論中，我們從「環境可以提供（afford）什麼價值」的角度來知覺一切。

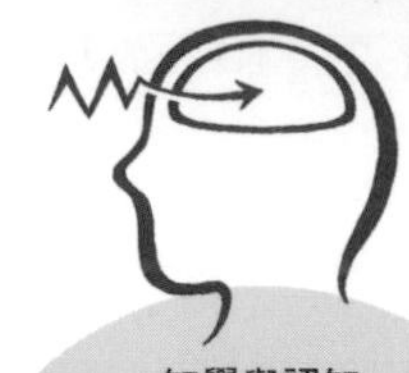

知覺與認知

⑨記憶的神祕機制

何謂雙重記憶模型？

阿特金森與希弗林認為記憶有雙重模型，即「短期記憶儲存庫」和「長期記憶儲存庫」。

人是如何記憶的呢？在心理學上，記憶有三個基本階段：「編碼」、「儲存」、「提取」。

大家在考試前都有反覆（複誦）背下考試內容的經驗，這是將訊息編碼化置入記憶的第一階段，叫作**編碼**。接著，「編碼」的訊息必須加以**儲存**。如此一旦面臨考試，就會檢索所儲存的訊息，經過「重播」和「再確認」，就會正確地將記得的資訊**提取**而回想起來。

但是，記憶無法全部被回想，許多都是立刻就忘的記憶。因此，阿特金森（John William Atkinson）與希弗林（Richard Shiffrin），提出**記憶雙重模型理論**（dual-memory model），認為有**短期記憶**和**長期記憶**兩種儲存庫。

此理論認為從外界來的訊息會被儲存為**感覺記憶**，其儲存時間極為短暫（聽覺有數秒、視覺有數百毫秒），幾乎都消失不見，而殘留下的記憶進入**短期記憶儲存庫**。但是這裡也只儲存15～30秒就忘記。只有透過複誦等方式進入**長期記憶儲存庫**的記憶可以被長久儲存。

記憶的機制

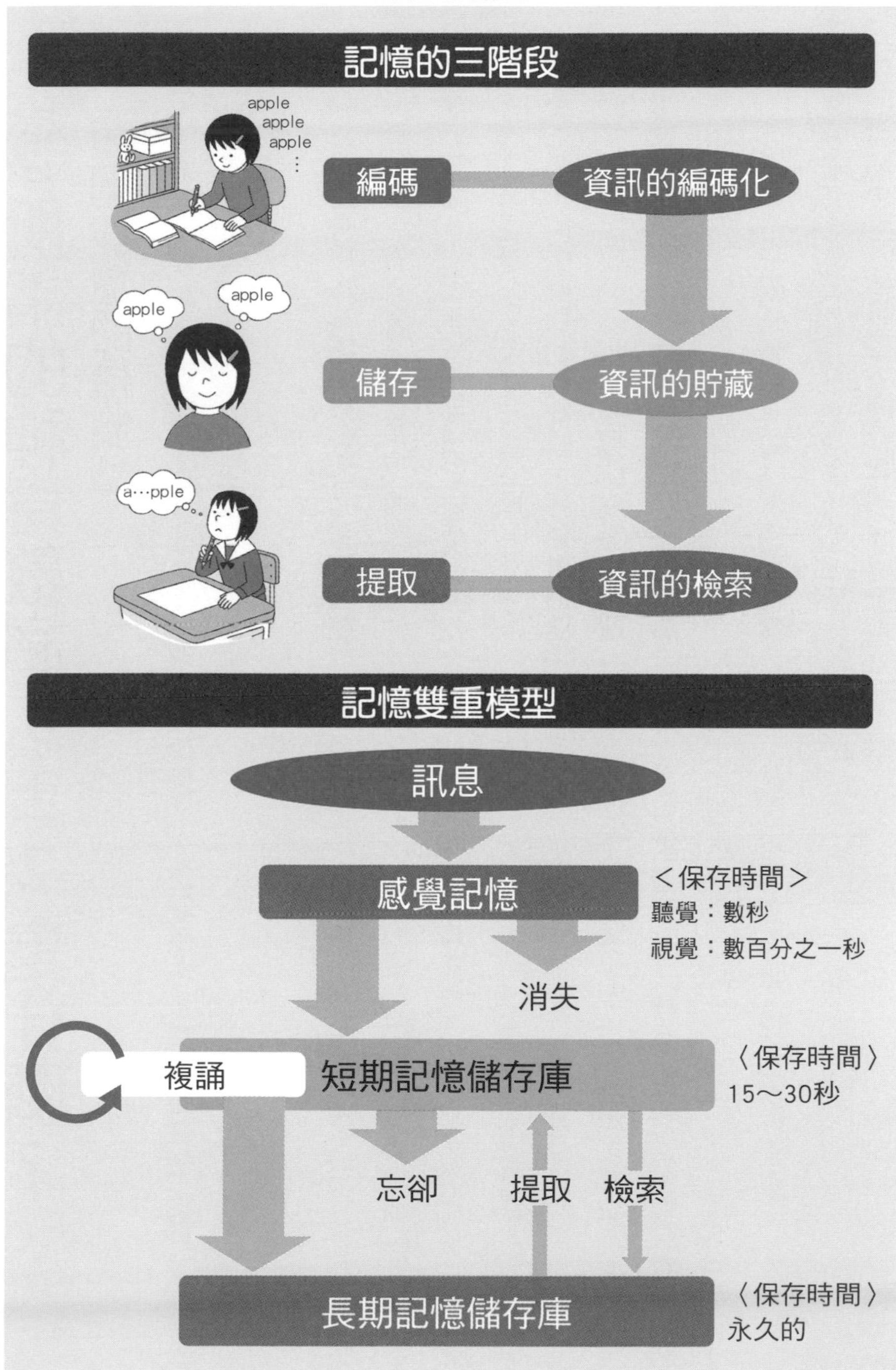

記憶的三階段
apple
apple
apple
編碼
資訊的編碼化
apple
apple
儲存
資訊的貯藏
a…pple
提取
資訊的檢索
記憶雙重模型
訊息
感覺記憶
＜保存時間＞
聽覺：數秒
視覺：數百分之一秒
消失
複誦
短期記憶儲存庫
〈保存時間〉
15～30秒
忘卻
提取
檢索
長期記憶儲存庫
〈保存時間〉
永久的

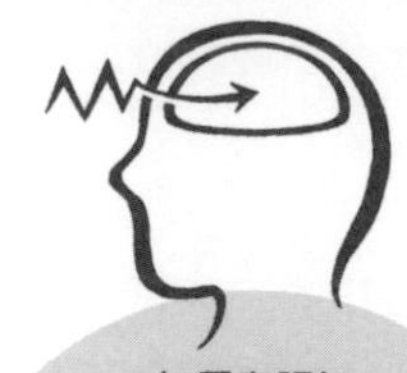

⑩所謂的神奇數字 7±2 是什麼？

短期記憶的機制

被稱為工作記憶（working memory）的短期記憶，一次記憶容量是5到9個。但是，妥善集結訊息就能夠增加單次記憶量。

短期記憶，起初被認為不過是暫時的記憶儲存庫而已。但是，研究者漸漸了解其在人類認知活動上扮有積極的功能。貝德里（Alan Baddeley）將短期記憶命名為**工作記憶**（working memory）。他更進一步認為工作記憶由三種功能構成，即**語音迴路**（可以儲存並反覆播放聲音）、**視覺空間暫存裝置**（儲存操作視覺影像）、**中央執行系統**（控制前二者並且彙整訊息、擔任長期記憶的媒介）。

工作記憶不只是時間有限制（約15秒到30秒就忘卻），記憶的項目也有限度，即7±2個項目。米勒（George A. Miller）稱之為**神奇數字**。

但是，短期記憶的極限並不只有7±2個訊息。超過7±2數量的訊息，只要分別組裝成5至9個**意元集組**（chunk），就能全部記住。因為短期記憶的意元集組，是由長期記憶的訊息所組成的。

例如，如左圖所示，11個數字無法一次記住，但若是以諧音等方式轉為一組一組的有意義單詞（意元集組），並將意元集組控制在5～9個以下，就有可能一次記住這11個數字。

短期記憶的機制

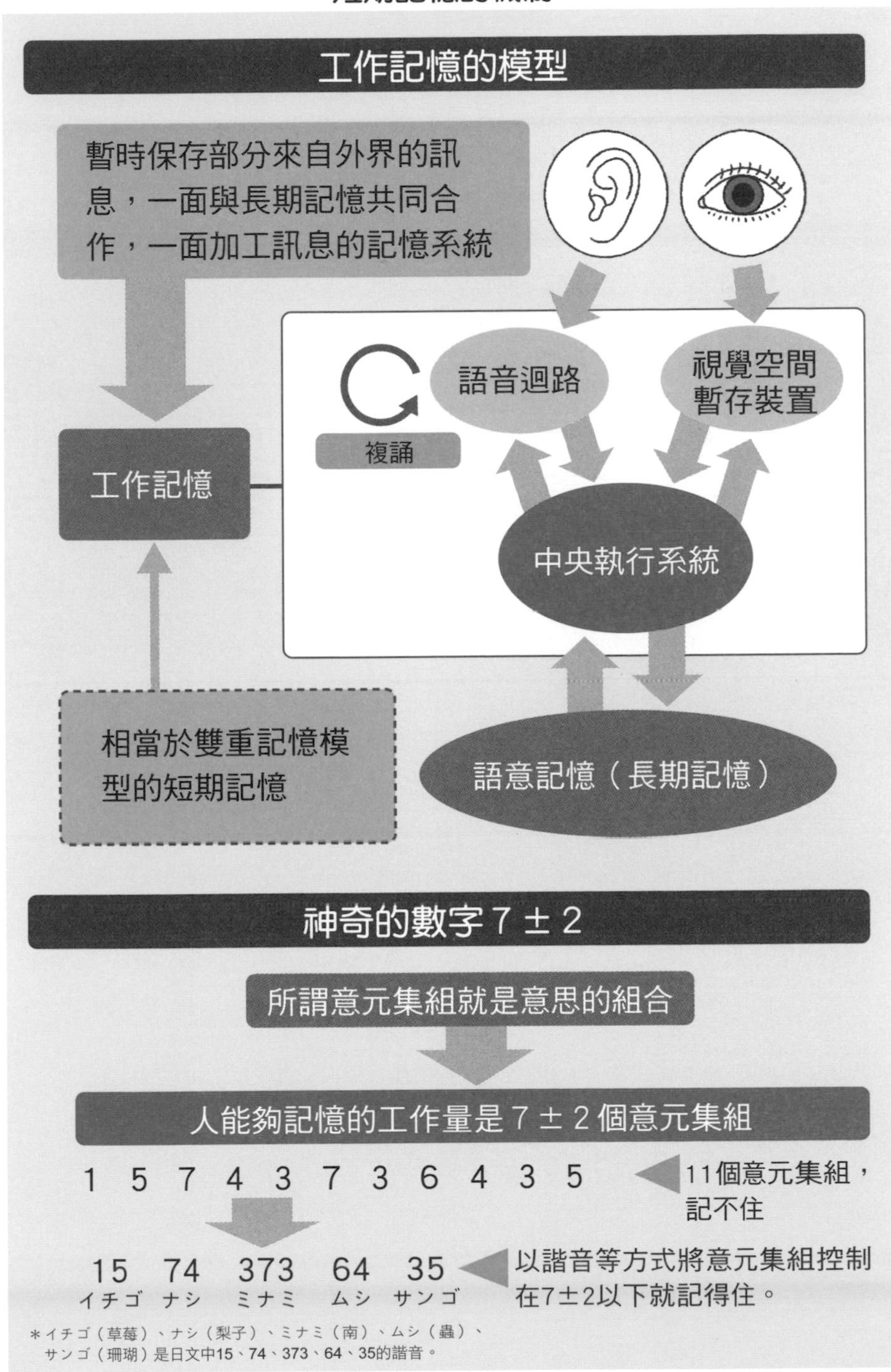
工作記憶的模型
暫時保存部分來自外界的訊息，一面與長期記憶共同合作，一面加工訊息的記憶系統
語音迴路
視覺空間暫存裝置
複誦
工作記憶
中央執行系統
相當於雙重記憶模型的短期記憶
語意記憶（長期記憶）
神奇的數字7±2
所謂意元集組就是意思的組合
人能夠記憶的工作量是7±2個意元集組
1 5 7 4 3 7 3 6 4 3 5
11個意元集組，記不住
15 74 373 64 35
イチゴ ナシ ミナミ ムシ サンゴ
以諧音等方式將意元集組控制在7±2以下就記得住。
＊イチゴ（草莓）、ナシ（梨子）、ミナミ（南）、ムシ（蟲）、サンゴ（珊瑚）是日文中15、74、373、64、35的諧音。

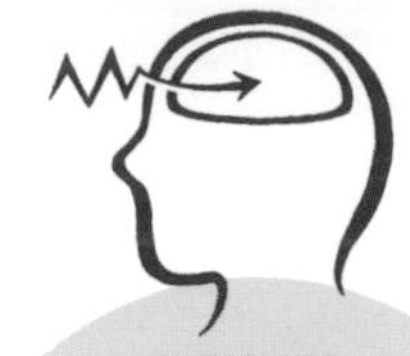

⑪ 被永續儲存的記憶

長期記憶的種類與構造

長期記憶以知識、情節、技能等形式被半永久記憶。瞭解其構造就能有效率地學習。

一般認為長期記憶可以被長久儲存，連容量也沒有限制。長期記憶可分為透過言語或影像記下，能夠言語說明的**陳述性記憶**（declarative memory），以及騎腳踏車或演奏樂器等無法以言語記下的**程序性記憶**（procedural memory）。

「陳述性記憶」還可分為**語意記憶**（semantic memory）（知識）和**情節記憶**（episodic memory）（親身體驗或故事）。「語意記憶」若是心的百科全書，「情節記憶」就是心的日記本了。如同寫日記一般，「情節記憶」將「時間」、「場所」、當時「自己的感覺」連結起來，藉由回想情節脈絡就能喚起記憶。在應考策略上，想要努力增強知識的「語意記憶」卻力不從心的時候，或許利用「情節記憶」連同情境或場所就能做出有效記憶。

而且，「語意記憶」的網絡是由相關的概念和特性等要點所連結形成。因此，預先提示某件事情，就容易**促發**（priming）相關聯的要點。在學習場合中預先提示相關事項，這種方法就常被利用。

長期記憶的種類

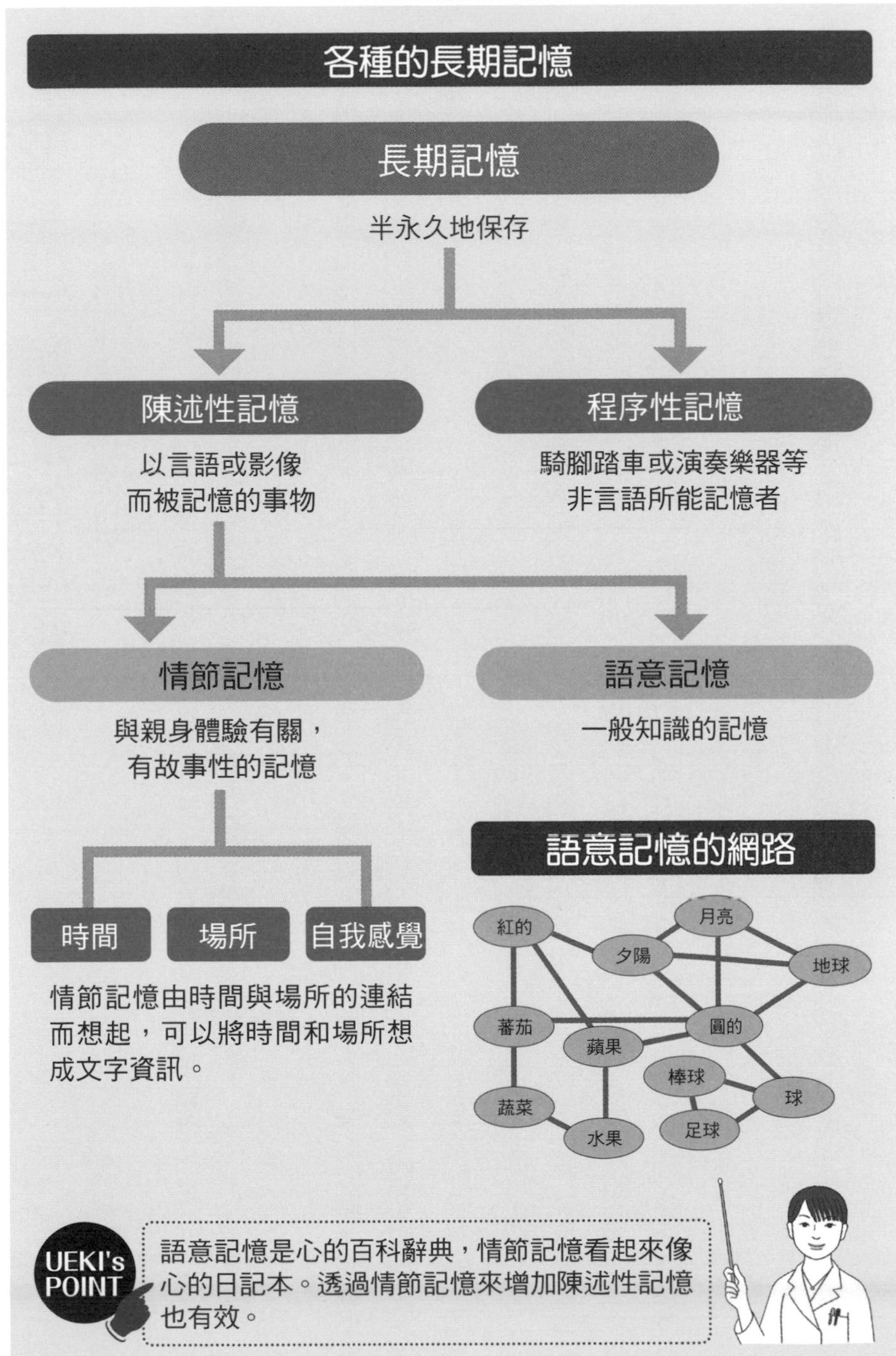
各種的長期記憶
長期記憶
半永久地保存
陳述性記憶
以言語或影像
而被記憶的事物
程序性記憶
騎腳踏車或演奏樂器等
非言語所能記憶者
情節記憶
與親身體驗有關，
有故事性的記憶
語意記憶
一般知識的記憶
時間
場所
自我感覺
情節記憶由時間與場所的連結
而想起，可以將時間和場所想
成文字資訊。
語意記憶的網路
紅的
月亮
夕陽
地球
蕃茄
圓的
蘋果
棒球
球
蔬菜
足球
水果
UEKI's POINT
語意記憶是心的百科辭典，情節記憶看起來像
心的日記本。透過情節記憶來增加陳述性記憶
也有效。

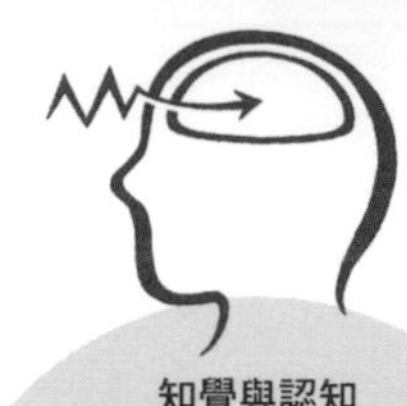

⑫另一種記憶模型

記憶的處理層次模型

「雙重儲存模型」的短期記憶與長期記憶區分方式，以及長期記憶須藉由複誦形成的主張受到批判，於是「處理層次模型」考慮到記憶的處理深度。

前面說過，「雙重儲存模型」認為，「短期記憶」的一部分藉由複誦（反覆）可以移轉為「長期記憶」。但是，衝擊的事件或印象深刻的經驗，就會立刻留在記憶中，怎麼樣也難以忘記。柯雷克與洛哈特（Craik and Lockhart）批判「雙重儲存模型」，認為「短期記憶」藉由複誦移轉為「長期記憶」這說法沒有根據，「短期記憶」與「長期記憶」的區分方式本身也曖昧不明。

他們從「訊息如何被處理、在各種處理程度下記憶如何變化」的角度反覆實驗，進而提出**記憶的處理層次模型**（the levels of processing model）。

據此，記憶可區分為三種水準：記憶形狀的**物理處理**、記憶言語與聲音訊息的**言語・語音處理**、思考訊息的意思並加以記憶的**語意處理**，愈後面的處理水準愈深層，容易留下記憶，想起率也高。然而，在聲音的認知試驗中，靠聲音記憶比靠意思記憶的成績要來得好。總之，依據處理層次的說法，有效的記憶不只是要利用形狀，還要發出聲音和思考語意才行。

對雙重儲存模型的批判與處理層次模型

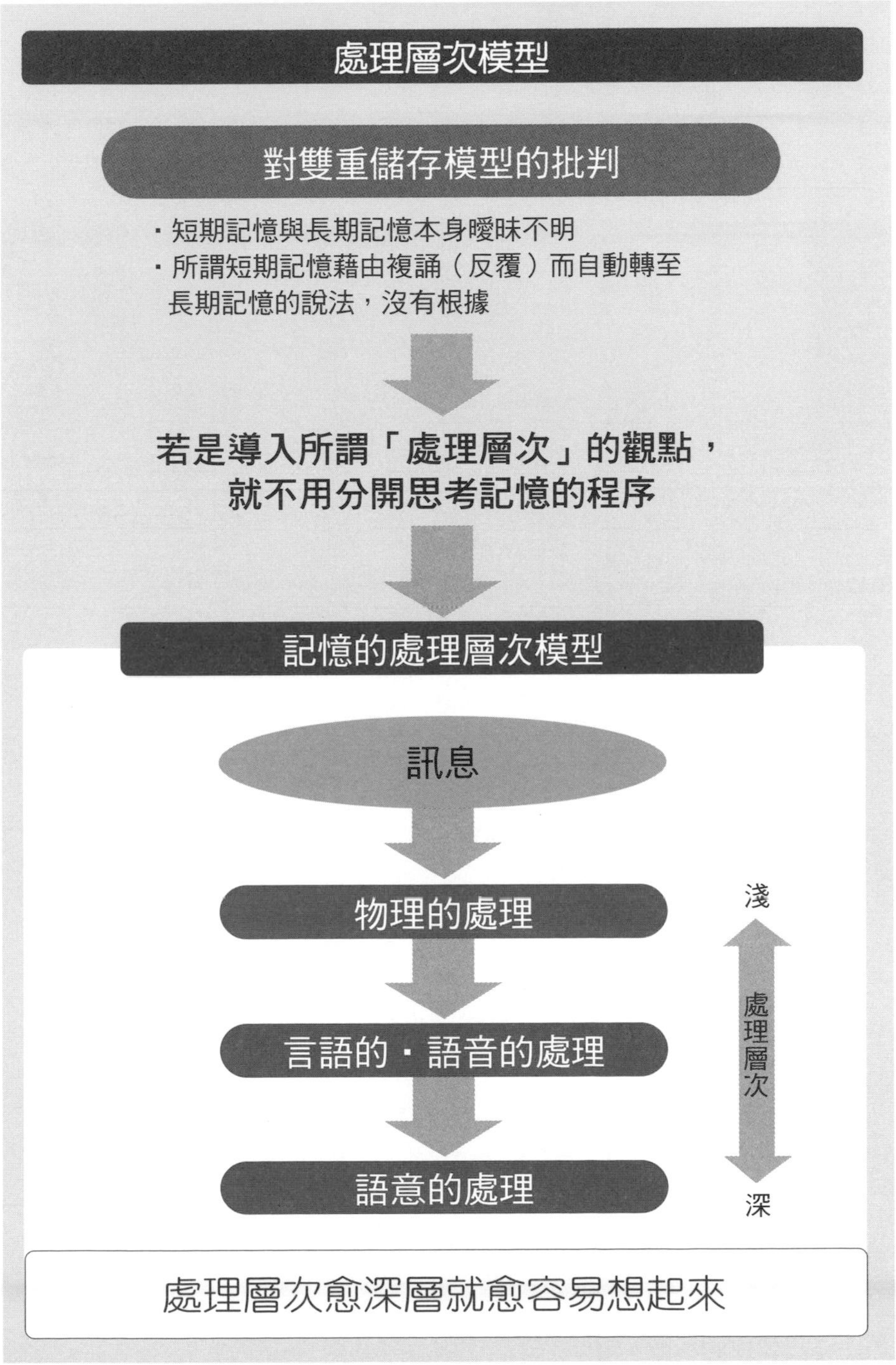

處理層次模型

對雙重儲存模型的批判

- 短期記憶與長期記憶本身曖昧不明
- 所謂短期記憶藉由複誦（反覆）而自動轉至長期記憶的說法，沒有根據

若是導入所謂「處理層次」的觀點，就不用分開思考記憶的程序

記憶的處理層次模型

訊息
↓
物理的處理
↓
言語的・語音的處理
↓
語意的處理

淺 ↕ 處理層次 ↕ 深

處理層次愈深層就愈容易想起來

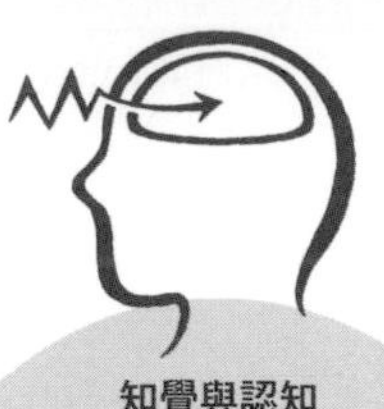

知覺與認知

⑬為何忘了？

遺忘的機制

記憶重要的是複習或反覆操演。即使熬夜臨陣磨槍，也不會有多大效果。艾賓豪斯的遺忘曲線及干擾說可以解釋清楚其原因。

誰都有在考試前一天敖夜苦讀，卻忘光光的經驗吧。

記憶研究的先驅艾賓豪斯（Herman Ebbinghaus），用3字母組成子音＋母音＋子音的無意義單字並隨機排列字序。他要求受測者記住字序，然後隨著時間經過記錄遺忘的程度。這就是艾賓豪斯的遺忘曲線（左圖）。從這條曲線可以知道，剛記憶不久的時候遺忘速度最快，一天後記憶約失去了三分之二，其後就不大有變化。

有各種學說解釋遺忘的原因，其中一個就是因為不使用而記憶自然消失的**自然崩壞說**。如只有這樣可能無法充分說明。根據傑金斯與達蘭巴克（Jenkins & Dallenbach）的實驗，讓受測者記憶無意義字串後，分成睡眠組與不睡組加以調查，結果不睡組的記憶成績較低。研究從這類實驗進而主張其他訊息的干擾導致失去記憶的**干擾說**。干擾又分為新的記憶妨礙過去記憶再現的**逆向抑制**（retroactive inhibition），以及過去的記憶妨礙新訊息被記憶的**順向抑制**（proactive inhibition）。此外也有**提取失敗說**，認為因為沒有頭緒，造成檢索失敗而想不出來。

保持與遺忘

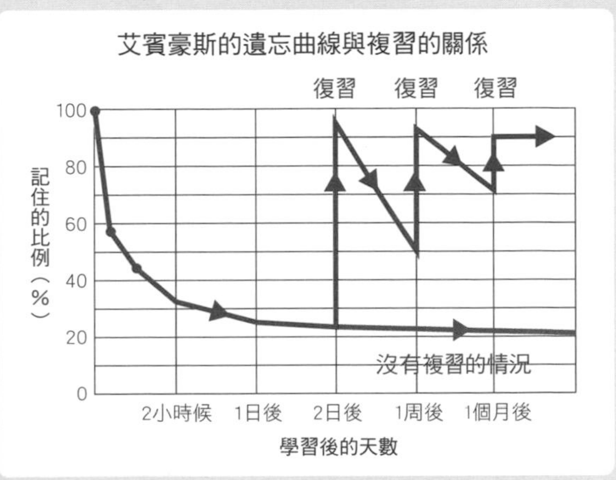

忘卻的原因

自然崩壞說：只要不使用，記憶內容就會自然消失

干擾說：由於新訊息引起干擾而造成記憶消失

- **順向抑制**：過去的記憶妨礙新訊息被記憶
- **逆向抑制**：新的記憶妨礙過去記憶的再現

提取失敗說：沒有頭緒的線索，檢索失敗而引不出記憶

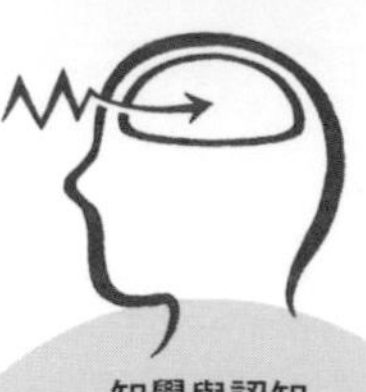

⑭記憶達人的記憶法

各種記憶技巧

許多記憶天才都是記憶術和訓練的產物。現在已有許多為人所熟知的記憶術，但最近也有一些採用心理學觀點。

有的記憶達人可以記住一長串的圓周率，也能在短時間內記住大量人名。不少人認為他們是很特別，但除去一部分的人，記憶的能力其實並沒有什麼個人的差別，許多被稱為記憶達人的人，通常都是靠獨自的記憶法和訓練。

例如，考試讀書時，大家都有同感，編成「順口溜」的內容特別容易記。此外，也有將人臉比喻為動物或卡通人物而加以記憶等的**連想法**。

最古老的記憶術，被認為始於古希臘人西摩尼提斯，他記住會場在座者的臉孔等資訊，並與位置產生關聯，就此發明了記憶術。這就是後來的**場所法**，其衍生出一開始指定某個影像，再與想要記住的事物產生相關聯的**掛鉤記憶法**（就好像金屬掛鉤勾住帽子或衣服）。而將要記住的事物與兩手手指相對應的**兩手指法**，這可以說是前二記憶法的身體版吧。

此外，**群組化記憶法**利用神奇數字7±2（64頁）的短期記憶特性，將訊息的意元集組數量控制在9個以內。而藉著創作故事加以記憶的**故事法**，則是運用了長期記憶的情節記憶（66頁）。

各式各樣的記憶術

諧音法	利用諧音編成「順口溜」的記憶方法
連想法	將人臉比喻為動物或卡通人物加以記憶等，即是利用連想影像的記憶法
群組化記憶法	將資料群組化，控制在7±2以下的意元集組，再加以記憶的方法。為神奇數字7±2的應用
數字文字調換法	將數字調換成文字或字母，以言語的形式加以記憶的方法
故事法	將要記住的事物化為角色、場景、情節，用故事加以記憶的方法
掛鉤記憶法	先指定影像，在與要記憶的事物產生關聯，就好像掛鉤勾住帽子或衣服那樣
兩手指法	將10個要記憶的東西，與兩手的手指相對應的記憶法。也有使用身體部位的記憶法。即掛鉤記憶法的身體版
場所法	腦海浮現熟悉的場所，配合要記憶的東西加以記憶

記憶術原本是從經驗中發展出來的，但最近似乎採用了神奇數字7±2或記憶網絡、情節記憶等心理學的知識

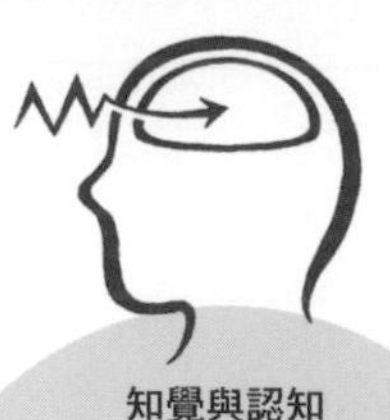

⑮情緒是怎麼產生的？

關於情緒的兩種古典理論

是「因為覺得恐懼而顫抖」，還是「因為顫抖而覺得恐懼」呢？有關情緒的發生過程，有兩種不同的說法，即坎巴二氏論和詹郎二氏論。

感情或情緒是由於怎樣的機制而產生的呢？關於情緒發生的機制，有兩個代表性理論。

一個就是**坎巴二氏情緒論**（Cannon-Bard theory）。假設殭屍出現在銀幕上的瞬間，視覺訊息通過大腦的視丘，同時被傳到下視丘與大腦皮質，下視丘使身體產生反應，大腦皮質則產生恐懼的情緒。根據此理論，身體反應與恐懼的情緒雖然是各自同時發生，但因為情緒反應比身體反應還要快，所以我們會感覺「因為恐懼而顫抖」。

另一方面，**詹郎二氏情緒論**（James-Lange theory）則認為，殭屍出現在銀幕上的瞬間，其視覺訊息經過大腦皮質，使身體為之顫抖，並引起心臟撲通撲通等的身體反應。結果身體反應反而向大腦皮質傳達「恐懼」的情緒。說起來，並不是「因為恐懼而顫抖」，而應該是「因為顫抖而恐懼」。

但是，不少人批評生理反應引發生情緒的說法，因為實驗顯示在末梢神經與腦部的連結被切斷的狗的身上可以觀察到情緒反應。不過也有應用詹郎二氏論的**臉部回饋假說**，認為悲傷的時候做笑臉會讓心情變好。

關於情緒的兩種古典理論

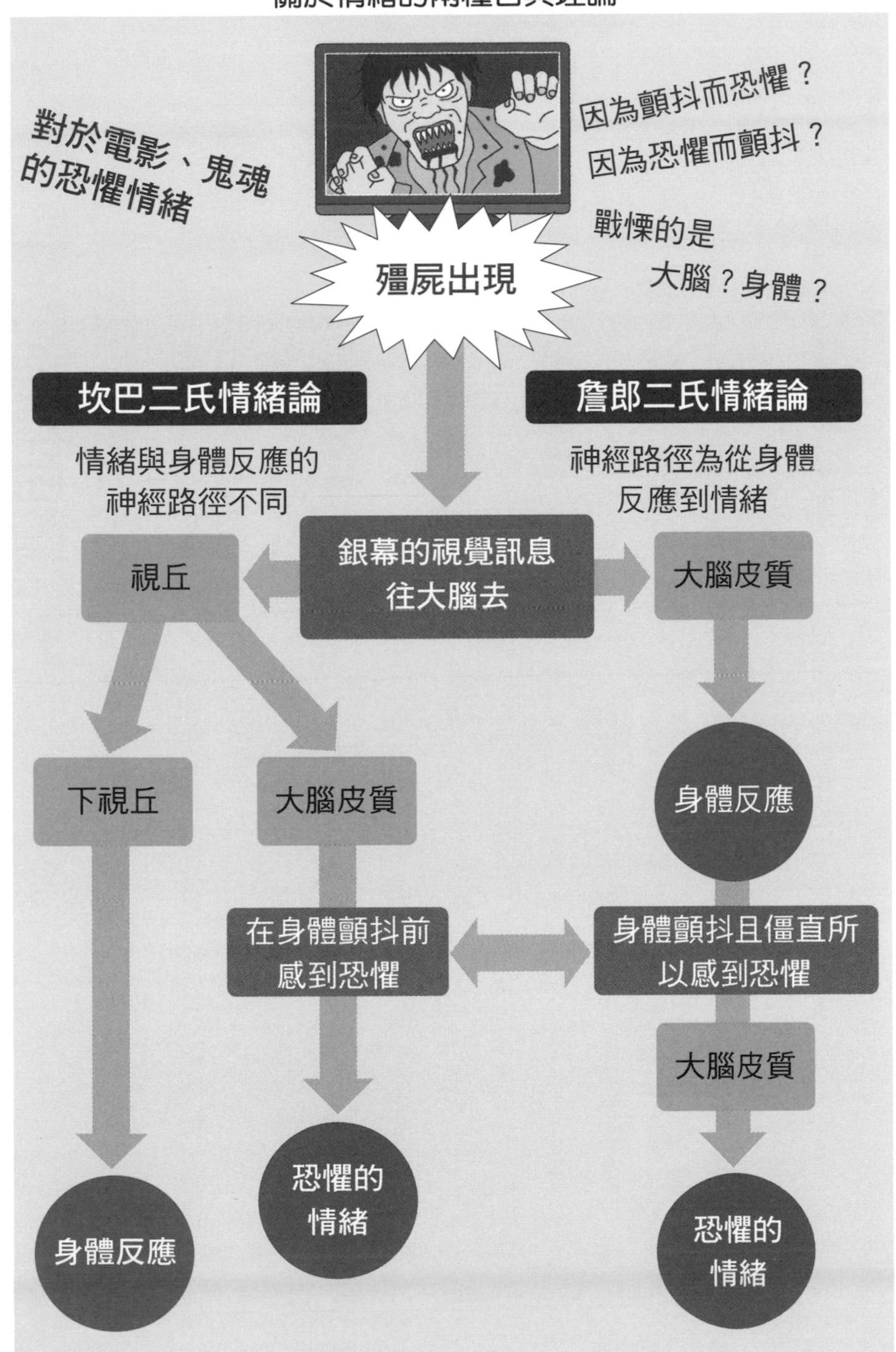
對於電影、鬼魂的恐懼情緒
因為顫抖而恐懼？
因為恐懼而顫抖？
戰慄的是
大腦？身體？
殭屍出現
坎巴二氏情緒論
情緒與身體反應的
神經路徑不同
詹郎二氏情緒論
神經路徑為從身體
反應到情緒
銀幕的視覺訊息
往大腦去
視丘
大腦皮質
下視丘
大腦皮質
身體反應
在身體顫抖前
感到恐懼
身體顫抖且僵直所
以感到恐懼
大腦皮質
身體反應
恐懼的
情緒
恐懼的
情緒

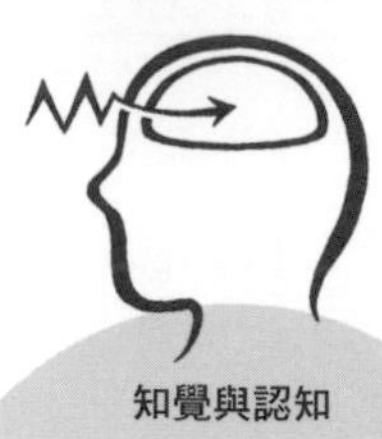

⑯告白要在吊橋上

吊橋效應與情緒二因論

同樣的生理變化會產生多樣的情緒。吊橋效應說明了情緒有「生理的變化」與誤認為戀愛的「認知」此二要因。

前述的詹朗二氏情緒論認為，心臟撲通跳、身體顫抖的生理變化引起「恐懼」的情緒。但是，憤怒或告白的時候同樣也會心臟撲通跳與身體顫抖。也就是說，詹朗二氏論無法說明為何同樣的生理變化會產生多樣的情緒。而**情緒二因論**用為人熟知的有趣實驗解答了這個問題。

加拿大心理學者達頓與亞隆（Donald G. Dutton & Arthan P. Aron），找來18至35歲單身男性，分別在兩座橋上做實驗。一座是高於溪谷70公尺、一走動就搖搖晃晃的窄細吊橋，另一座是架於上游、3公尺高且堅固不搖晃的木造橋。

兩座橋的中央，同樣有年輕可人的女性會突然要求做市調，並且留下電話號碼說：「若想知道結果，日後請來電。」結果，在搖晃吊橋的男性約有半數打了電話；但不搖晃木橋的男性則是一成多。原因是在又高又晃的吊橋上感到恐懼的男性，將源自恐懼的生理興奮狀態，錯認為對女性的感情。也就是說，情緒不只是受到「生理變化」的影響，還受到個人對情境「認知」的影響。

探索情緒要因的吊橋實驗

在窄細又搖晃的吊橋與堅固的橋正中央，年輕女性向男性們打招呼，並進行市調，結束後給電話號碼並說，欲知結果請來電聯絡。

承蒙協助實驗。
欲知結果請來電。

約半數會打電話

高度70公尺、寬1.5公尺、欄桿低且搖晃的吊橋

承蒙協助實驗。
欲知結果請來電。

打電話的
只有12%

高度3公尺、橋面寬且堅固的橋

在高且搖晃的吊橋上感到恐怖的男性們，
將源於恐懼的興奮，錯認為是對女性的感情。

情緒受到認知以及生理變化的影響

Column

2

記憶常常說謊

許多人認為一旦記住的記憶不會改變，但事實上，記憶是很容易改變的。

認知心理學者羅芙特斯（Elizabeth Loftus）等人，讓兩組受測者看車禍的影片。一組問他們「車子**碰撞**時速度多少？」另一組問他們「車子**衝撞**時速度多少？」一個星期後再度集合，問「影片裡的車窗玻璃破裂了嗎？」一星期前被問到「車子**碰撞**」的人約有14％答錯說「玻璃破了」，而被問到「車子**衝撞**」的人答錯率為32％，是前者的一倍以上。這是因為**衝撞**這詞所帶來的意象讓記憶產生了變化，又叫作錯誤訊息效應。

美國從八〇年代到九〇年代流行「恢復記憶療法」。佛洛伊德晚期的理論雖然指出幼兒期的性虐待是一種假設，但援用初期理論的素人學者們卻認為創傷來自幼兒期的性虐待，主張治療的第一步要先喚起這時期的記憶，因此使用藥物或催眠來「想起」虐待經驗的治療法大為流行。結果，以為想起了虐待記憶的患者相繼與雙親打官司。但根據羅芙特斯等記憶專家的說法，那是「虛假的記憶」，於是很多案件都以冤案作結。

Part 3

加上動機，讓行為改變吧！
行為與學習的心理學

①何謂學習？

為了適應環境，行為一直在變動

要適應環境，不能只靠認知掌握周遭事物，還要用行為配合認知，以及將這樣的行為學習起來。

人為了要適應環境而生存，有必要瞭解環境的狀況。前一章主要談的是感覺與知覺的問題。但是，只靠「認知」無法適應環境。配合「認知」、對環境採取**行為**，就成為一大課題。

也就是說，生物在進化的過程中，會學習各種適應環境的行動方式。例如，單細胞生物綠蟲藻具備**趨光性**和單純**反射**的能力。一般來說，愈低等的生物，生來具有的能力愈有限，而愈高等的生物，後天得來的適應行為占所有能力的比重愈高。其中，對人類而言，比重最高就是學習。

學習被定義為「行為隨著經驗不斷產生比較性變化」的現象，但學習並非人類獨具的能力。例如，洛倫茲（Konrad Lorenz）就在剛出生的雛鳥上發現**銘印學習**（imprint learning）的行為。雛鳥剛孵化不久，馬上就認定眼前會動的大東西就是媽媽，雖說這是極其本能的行為，但行為隨著經驗改變這一點，則被認為是一種學習。

接著來看本章對於適應環境所採取的「行為」，以及如何將行為轉化為「學習」的說明吧。

何謂學習？

生物在每個發展階段有各自適應環境的方式

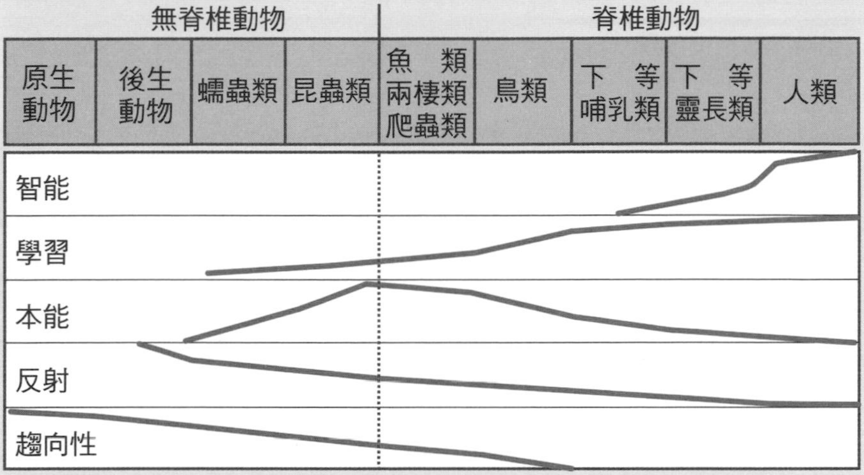

無脊椎動物				脊椎動物				
原生動物	後生動物	蠕蟲類	昆蟲類	魚類 兩棲類 爬蟲類	鳥類	下等哺乳類	下等靈長類	人類

智能

學習

本能

反射

趨向性

（出處）Dethier & Stellar, 1970.

銘印行為

若是會動的大東西，即使是氣球等無生命的物體也 OK。

雛鳥一出生立刻就會認為眼前又大又會動的東西就是媽媽，有跟隨的習性。

有關鍵期

鴨子的關鍵期為孵化後13～16小時

毋須獎賞或處罰

反應是限定的

效果是永續的

②學習的基本原理1

古典制約與巴甫洛夫的制約反射

如果給狗餵食物的同時讓牠聽到某種響聲，那麼漸漸地會變成只有響聲也會流出唾液的情形。為人所熟知的巴甫洛夫制約反射就是一種制約，也是學習的基本原理。

所謂學習的基本原理，就是「制約」，廣為人知的古典制約實驗，就是「巴甫洛夫的狗」實驗。巴甫洛夫是研究消化腺而獲得諾貝爾獎的俄國生理學家，在進行胃液分泌的研究過程中，發現了後來稱為**制約反射**的現象。

他在狗的臉頰上施行手術以觀察唾液從唾腺流出且通過軟管的情形。在實驗中，只要給狗吃肉鬆，狗會很自然地流出唾液，但在給食物之前會讓狗聽到節拍器的聲響。若反覆進行實驗，漸漸地，狗只要聽到節拍器的響聲就會流出唾液。

巴甫洛夫將唾液因食物而流出的自然反射，稱為**非制約反射**，並且將食物稱為**非制約刺激**。此外，節拍器的響聲原本是不會使唾液流出的**中性刺激**。如果同時將此「中性刺激」與「非制約刺激」出現並反覆（即強化）進行，就會發現到節拍器的響聲變成**制約刺激**，而只要聽到響聲就會產生流唾液的**制約反射**。

藉由一起呈現非制約刺激與中性刺激，使原本無反應的刺激變成有反應的刺激，這就叫作**古典制約**。

學習的基本見解① 古典制約

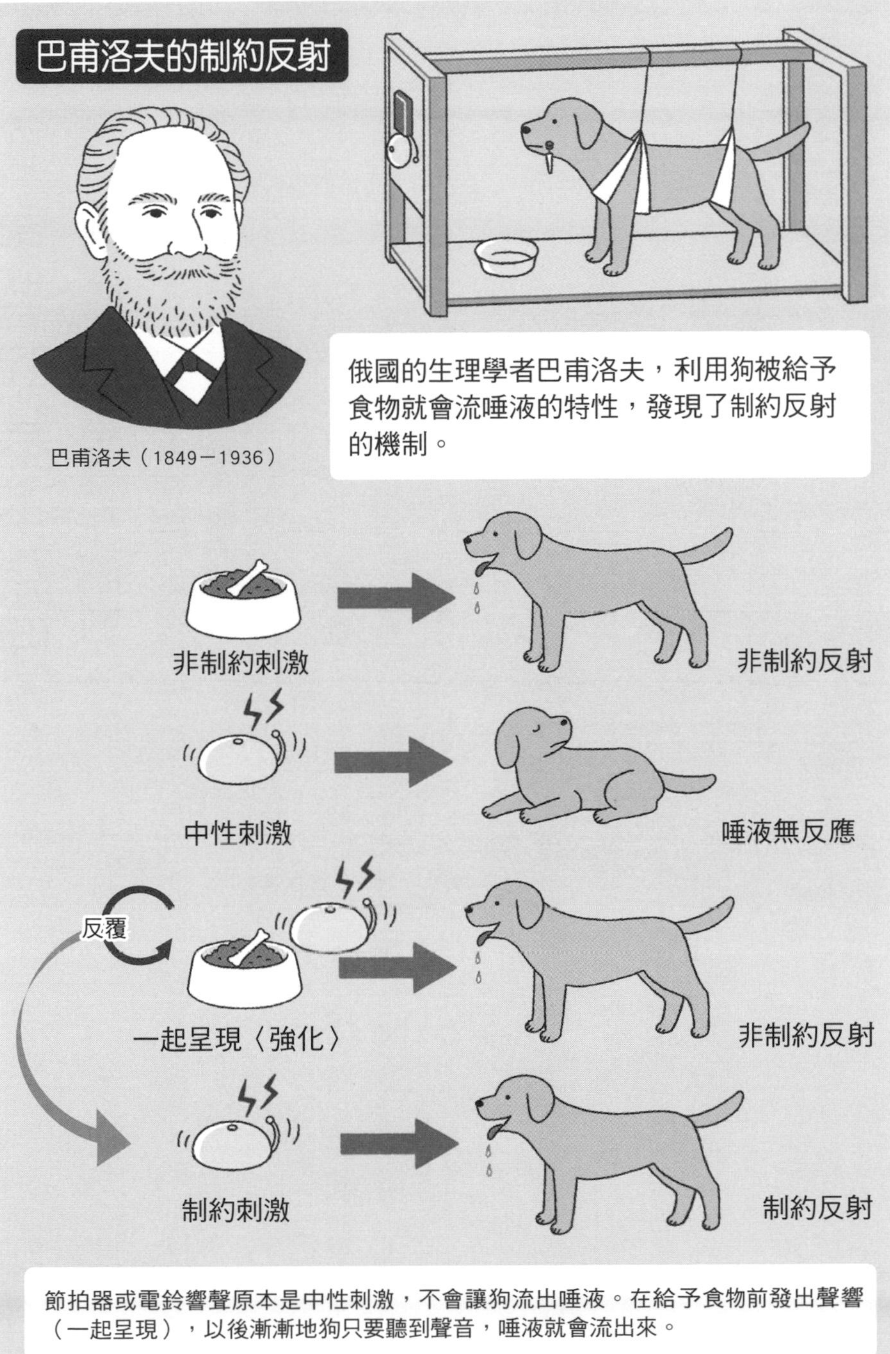
巴甫洛夫的制約反射
巴甫洛夫（1849－1936）
俄國的生理學者巴甫洛夫，利用狗被給予食物就會流唾液的特性，發現了制約反射的機制。
非制約刺激
非制約反射
中性刺激
唾液無反應
反覆
一起呈現〈強化〉
非制約反射
制約刺激
制約反射
節拍器或電鈴響聲原本是中性刺激，不會讓狗流出唾液。在給予食物前發出聲響（一起呈現），以後漸漸地狗只要聽到聲音，唾液就會流出來。

③學習的基本原理2

試行錯誤學習與操作制約

在桑代克的迷箱實驗中可見試行錯誤的學習。史基納將這類在某項操作下得到報酬而被強化的學習稱為操作制約。

「古典制約」將自然的反射反應稱作**反應性制約**（respondent conditioning），而相對於此概念的是行為的結果產生制約的**操作制約**（operant conditioning）。因為是操作工具而產生制約，也被稱作**工具性制約**。

其代表性的實驗是桑代克（Edward Lee Thorndike）的迷箱實驗。他將空腹的貓放入一個以細繩或踏板控制門開閉的箱子中，並在箱子前放置食物。貓為了食物想要從箱子裡出來，會不斷反覆嘗試各種方法，在偶然的情況下拉到繩子或踏到踏板，最後吃到了食物。就這樣反覆了好幾次，貓脫困的時間愈來愈短。這就是**試行錯誤學習**，而學習便是依據**效果律**（例如試行錯誤的結果得到了食物）的原理進行。

史基納也在一個按下搖桿，食物就會出來的「史基納箱」中放入一隻空腹的老鼠進行相同實驗。史基納認為某個操作結果所獲得的報酬（或者處罰）會強化（或者弱化）自發的行動，並且重新定義桑代克所提倡的「試行錯誤學習」，將其命名為「操作制約」。

學習的基本見解② 操作制約

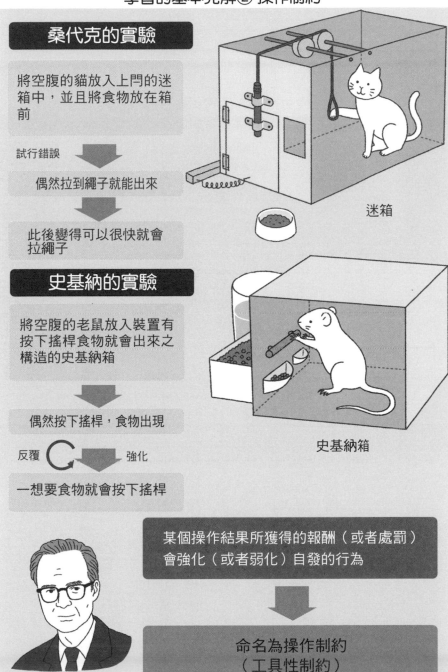

桑代克的實驗

將空腹的貓放入上閂的迷箱中，並且將食物放在箱前

試行錯誤 ↓

偶然拉到繩子就能出來

↓

此後變得可以很快就會拉繩子

迷箱

史基納的實驗

將空腹的老鼠放入裝置有按下搖桿食物就會出來之構造的史基納箱

↓

偶然按下搖桿，食物出現

反覆 ↓ 強化

一想要食物就會按下搖桿

史基納箱

某個操作結果所獲得的報酬（或者處罰）會強化（或者弱化）自發的行為

↓

命名為操作制約（工具性制約）

史基納（1904－1990）

④學習的基本原理3

觀察學習的效果

人會在各種場合模仿、學習他人的行動。這就叫觀察學習，是僅限於高等動物的社會性學習。

以駕駛車子為例，如果像操作制約那樣地反覆試行錯誤，不只沒有效率，應該還很糟糕吧。通常都是看著教官的駕駛動作來學習。這種學習稱為**觀察學習**（modeling），是僅限於人類或類人猿等高等動物的社會性學習。

這種觀察學習是日常所見的學習。一名想要成為足球高手的少年，在電視上看到知名選手得到讚賞或是獲得勝利，就會產生**替代性增強**（vicarious reinforcement），並且促發模仿行為。此外，還有一邊進行自我褒獎、讚美的**自我增強**，一邊向楷模（model）靠齊。若因模仿行為更進一步得到讚賞，則會被**強化**，並且促進觀察學習。

但是，觀察學習的對象，不限於社會希冀的人事物。班杜拉（Albert Bandura）觀察大人在幼兒面前對著人偶一面痛罵，一面橫施暴力，然後讓他們自己玩，看看會做出怎樣程度的模仿性攻擊行為。結果，攻擊行為的次數增加了。另外，針對橫施暴力的幼兒，分別給予被褒獎和被斥責的影像，使其獲得替代性增強。結果只看到被斥責影片的幼兒有所改變：攻擊行為減少了。

學習的基本見解3觀察學習

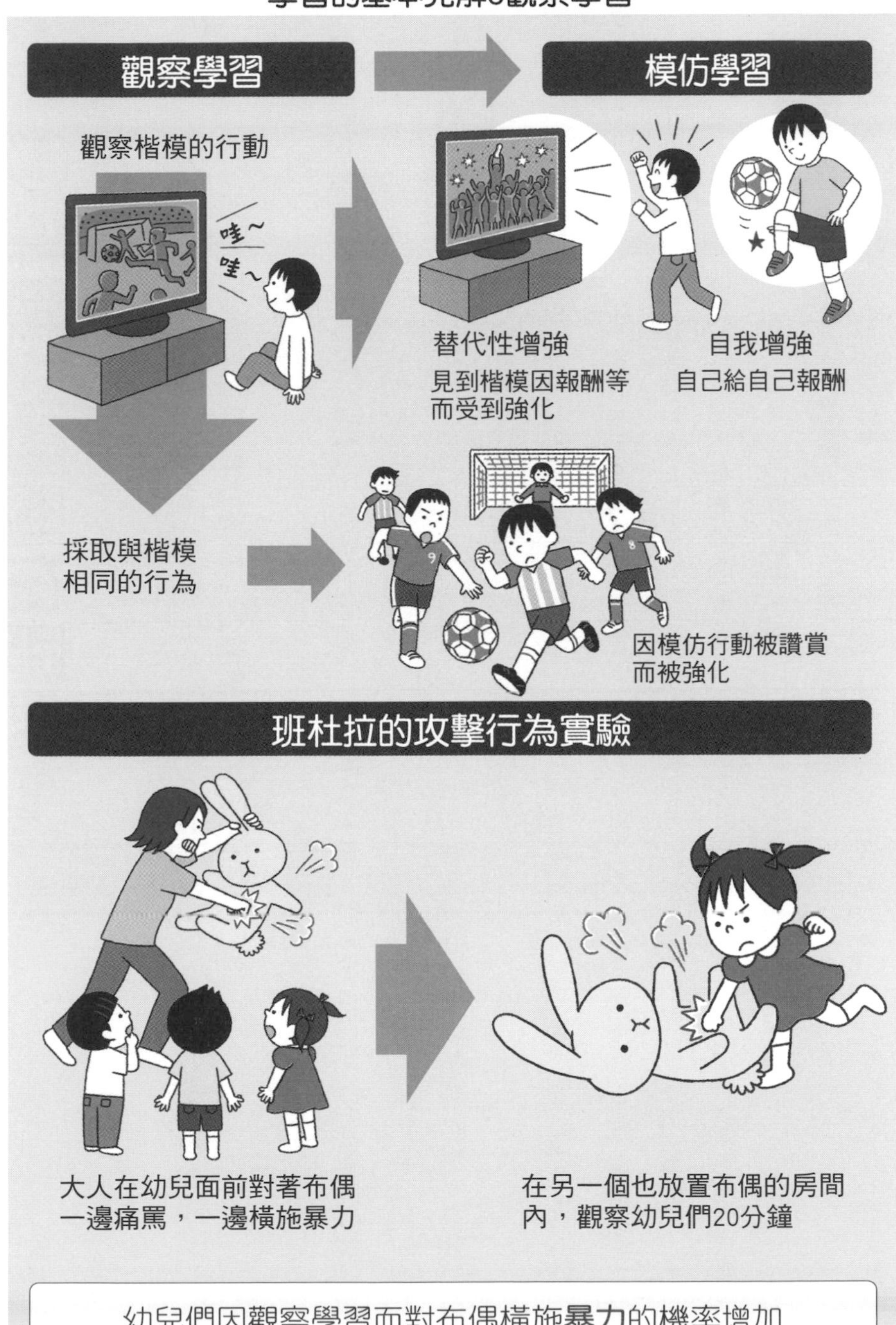

觀察學習
模仿學習
觀察楷模的行動
哇～
哇～
替代性增強
見到楷模因報酬等
而受到強化
自我增強
自己給自己報酬
採取與楷模
相同的行為
因模仿行動被讚賞
而被強化
班杜拉的攻擊行為實驗
大人在幼兒面前對著布偶
一邊痛罵，一邊橫施暴力
在另一個也放置布偶的房間
內，觀察幼兒們20分鐘
幼兒們因觀察學習而對布偶橫施暴力的機率增加

⑤幹勁的開關在哪裡？

三種動機

「幹勁」相當於心理學上的「動機」，有保持生理均衡的「生理性動機」與基於好奇心的「內在動機」，以及威脅與利誘的「外在動機」。

考試就在眼前卻提不起勁，面對工作卻有氣無力，誰都有過這樣的煩惱。心理學上將所謂的「幹勁」稱作**動機**（motivation）。

在動機上，雖然有各種說法或分類，但最基本的就是**生理性動機**。此即是餓了就想吃，睏了就想睡的那種意欲保持生理均衡（homeostatic）的動機。因為需求會產生心理的緊張狀態（動因），而「生理動機」可以降低動因。但也有需求動機與**動因降低說**（drive reduction theory）無法說明的動機。

這種動機就叫作**內在動機**（intrinsic motivation），來自於好奇心、探究心，與向上心。例如，憧憬成為一位優秀的醫生而努力投考醫學系，如此基於興趣與渴望的動機，其效果可以長久持續。

另一方面，也有「若是成績進步，就給你零用錢」或「不寫功課，就把遊戲機丟掉」等基於威脅與利誘的動機，叫作**外在動機**（extrinsic motivation）。事實上，這種基於威脅與利誘的動機，效果是一時的，且無法長久持續。

三種動機

生理動機
肚子餓了～！
餓了就吃，睏了就睡等想保持生理均衡的動機正在運作。
想要保持生理均衡狀態的動機
內在動機
外在動機
好棒！
不讀書就丟掉遊戲機！
成績進步才給你零用錢
基於興趣或渴望的動機
基於威脅與利誘的動機
加油喔！
長期效果可以期待
一時的效果

⑥幹勁的公式？

期望價值理論

與「動因降低說」及「內在動機說」同為重要動機理論的「期待價值理論」，認為行動來自於對結果的期待與成功時的價值。

期望價值理論將動機與主觀認知連結，說明了動機產生的過程。當人們有想幹什麼的「意志」，就會受到想要完成的「期待」以及對於自我「價值」認知這兩者的影響，這可用基本公式**意志＝期待×價值**表現，不過還有各種更細緻的公式。

動機之中，有一種與他人競爭、努力不懈的「成就動機」。以此為主要研究的阿特金森認為，達成目標的意志（達成成就行為），為想要成功的心情（追求成功導向）中，減去希望避免失敗的心情（迴避失敗導向）。

成就動機行為＝成功導向－失敗導向

此外，想要成功的心情（成功導向）、想要迴避失敗的心情（失敗導向），都是由「動機」（引起幹勁）、「期待」（認為做得到）、「價值」（對自己的價值）這三個變因相乘而成。因此，成功導向與失敗導向兩者相減所得之成就意志（成就動機行為），也能夠用這3變因表現，公式化如下。

成就動機行為＝動機×期待×價值

從此公式中可看出，一旦「動機」、「期待」、「價值」任一為0，則「成就的意志」一定會完全消失。

研究「動機」的期望價值理論

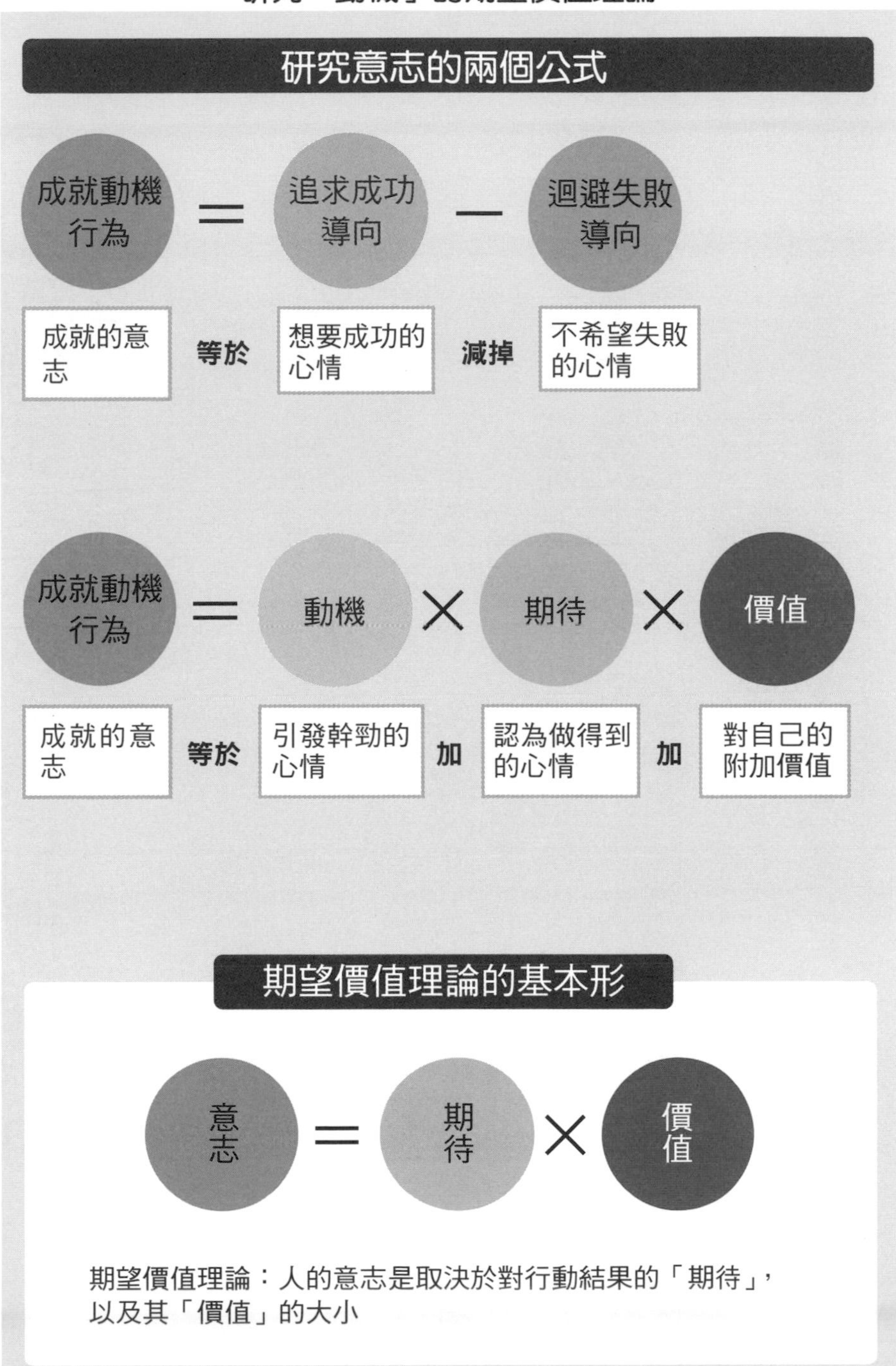
研究意志的兩個公式
成就動機行為
＝
追求成功導向
－
迴避失敗導向
成就的意志
等於
想要成功的心情
減掉
不希望失敗的心情
成就動機行為
＝
動機
×
期待
×
價值
成就的意志
等於
引發幹勁的心情
加
認為做得到的心情
加
對自己的附加價值
期望價值理論的基本形
意志
＝
期待
×
價值
期望價值理論：人的意志是取決於對行動結果的「期待」，
以及其「價值」的大小

⑦即使考試考不好，也別懷疑能力

八個歸因類型與幹勁

會失去幹勁的人或努力不懈，不是因為失敗或成功體驗不同，而是其看待失敗或成功原因的方式不同。

考試失敗，工作又不順利時，人大多都會思考為什麼會考不好。這在心理學上稱作**歸因**（attribution）。歸因的方式不同，其後的行為也會完全不同。

溫納（Bernard Weiner）認為影響成功或失敗等成就的因素不在於成就動機的高低，而是對於成就的原因的認知。歸因可分為三個向度（左圖）。

這三個向度分別是：**內在／外在**（自認原因來自於自己本身或自身以外）、**穩定性／不穩定性**（影響結果的因素是否穩定）、**可控制／不可控制**（影響結果的因素自己能否控制）。

例如，有兩個考試失敗的人，其中一人自認原因是「努力不足」。「努力不足＝一時的努力」，所以是一種內在、不穩定而且可控制的變動因素，所以他會覺得「因為這次努力不足，下次一定要加把勁」，因此發憤用功。而另一個人自認考試失敗是「能力」的關係。「能力」是一種內在、安定而且不可控制的不變要素，他會覺得「反正自己再怎麼努力也注定不行」而自暴自棄。

歸因理論所提出的思考模式

溫納的歸因分類

	可控制		不可控制	
	穩定	不穩定	穩定	不穩定
內在	日常的努力	一時的努力	能力	情緒或身體狀況
外在	教師的熱忱	來自他人的幫助	課本的難度	運氣

對原因的認知左右了幹勁的有無

成就動機的高低有個人差異

對成功或失敗原因（＝歸因）的認知差異導致的結果

原因？
認為原因在於
努力不足

可控制的
變動因素

下次一定
要努力！

原因？
認為原因在於
能力

不可控制的
不變因素

反正下次
也注定不行

⑧利誘也有行不通的時候

造成反效果的報酬給予方式

一般認為，給予「增加零用金」或「支付紅利」等報酬會提高幹勁。但是，也有報酬無法提升幹勁的情形。

前面介紹過，動機其中一種是給予利誘或威脅的「外在動機」（88頁）。但是這種外在動機的利誘（報酬），有時候給了反而讓人失去幹勁。

內在動機研究者德西（Edward L. Deci），將大學生分為兩組，讓他們拆解立體方塊。完成拆解後，一組不給報酬，而另一組則給美金1元。兩組都有8分鐘的休憩時間。觀察其間的行動，無報酬組在休息時依舊很多人在玩方塊；而有報酬組在休息時玩方塊的時間則減少了。

也就是說，給予金錢的利誘（報酬）這做法會讓人失去對立體方塊的關心。

這本來是有趣的遊戲，大學生在休憩時間也會因為**內在動機**繼續玩，但內在動機變成**外在動機**（報酬）之後反而不想玩了。這在心理學上稱作**逐漸削弱效應**（undermining effect）。

當本人內在動機不斷高漲的時候，就別拙劣地給予報酬。那反而會削減意願。

錯誤的動機

逐漸削弱效應的實驗

請大學生解立體方塊

即使方塊解開也無報酬

解開方塊便可得美金1元

休息8分鐘，觀察其間的行動

原本就是有趣的遊戲，即便是休息時間許多人還是繼續玩

收受金錢的一方，休息時玩遊戲的時間減少

逐漸削弱效應

由於收受報酬，內在動機轉換為外在動機，動機為之降低

當本人內在動機高漲時，若拙劣地給予褒獎讚美，反而會削減其意願。利誘也應該小心給予。

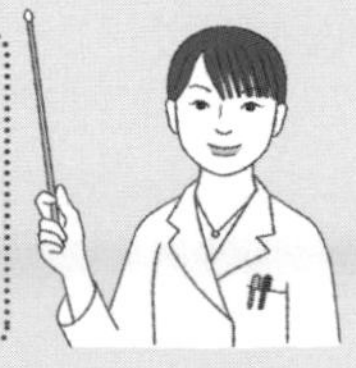

⑨能夠達成目標的訂立法

重要的是自我效能感

對於某事，不管期待做了之後會有怎麼的效果，若無自信可以做到就不會付諸行動。藉由訂立實際的小目標並妥善實踐，自信就會湧現出來。

雖說目標愈高愈好，但過高則提不起幹勁來。針對目標達成與自信，加拿大的心理學者班杜拉（86頁）提出以下的理論。

首先，進行某項「行動」就會期待某種「結果」。此叫作**結果預期**。例如，立定減肥計畫「每天運動2小時，1年讓人瘦20公斤」。但是問題在於，進行「行動」之前是否確信該「行動」的可行性。這就是**效能預期**，在此例中，我們會問自己是否有「每天2小時，持續運動1年的自信」。也就是說，無論愈運動就可以愈瘦的「結果預期」有多高，要是自覺每天運動2小時很困難的「效能預期」太低，就不會付諸「行動」。

因此，要有幹勁，「效能預期」所對應的「自信」非常重要，而班杜拉將這種「自信」稱作**自我效能感**（self-efficacy）。但是，對於「遠程目標」很難培育自我效能感。儘可能分割為「近程目標」，完成之後便能提高自我效能感。減肥也是，應該從每天20分鐘的小目標開始。

自我效能感與效能預期

自我效能感與效能預期
人
行動
結果
效能預期
結果預期
每天2小時，做1年
減20公斤
應該能夠每天運動，持續1年
若每天運動應該能瘦20公斤
即使明白愈運動就可以愈瘦，但沒有自信做到每天運動，在這種情形下（效能預期低）就無法付諸行動。
為了有幹勁，自我效能感（自信）非常重要
對於大目標，很難培育自我的效能預期
拆成小目標，逐一將近程目標完成
培育對自我的效能預期，湧現熱情

行為與學習

⑩一被禁止就變得想要做 心理的抗拒

被命令就不想做，被禁止就想要做。這樣的抗拒心理為何會產生呢？心理學對此也有解釋。

大家小時候應該有過一被父母命令「趕快去讀書！」就不想讀書的經驗吧。同樣地，一被說「不許看漫畫！」反而硬是要繼續看下去。

這種心理不限於反抗期或部分我行我素的人，任何人都會有，社會心理學者布雷姆（Sharon S.Brehm），將這種抗拒心命名為**心理抗拒**（psychological reactance）。

所謂心理抗拒，是指處於被強迫的情況下產生的心理抵抗。人類天生的本能就是由自己決定自己的行動或態度，一旦感覺到這種「自由」受到威脅，就會發動抵抗。

這也能用班杜拉提倡的**自我效能感**（96頁）說明。也就是說，「去讀書！」或「不許看漫畫！」的命令或禁止，會降低「想要就能做到」的自信，並且喪失自我效能感。而心理抗拒的作用就是要回復自我效能感。

愈是說服對方，對方就愈會抗拒，造成反效果的**回力棒效應**（124頁），也可以說是心理抗拒造成的吧。

我行我素的心理

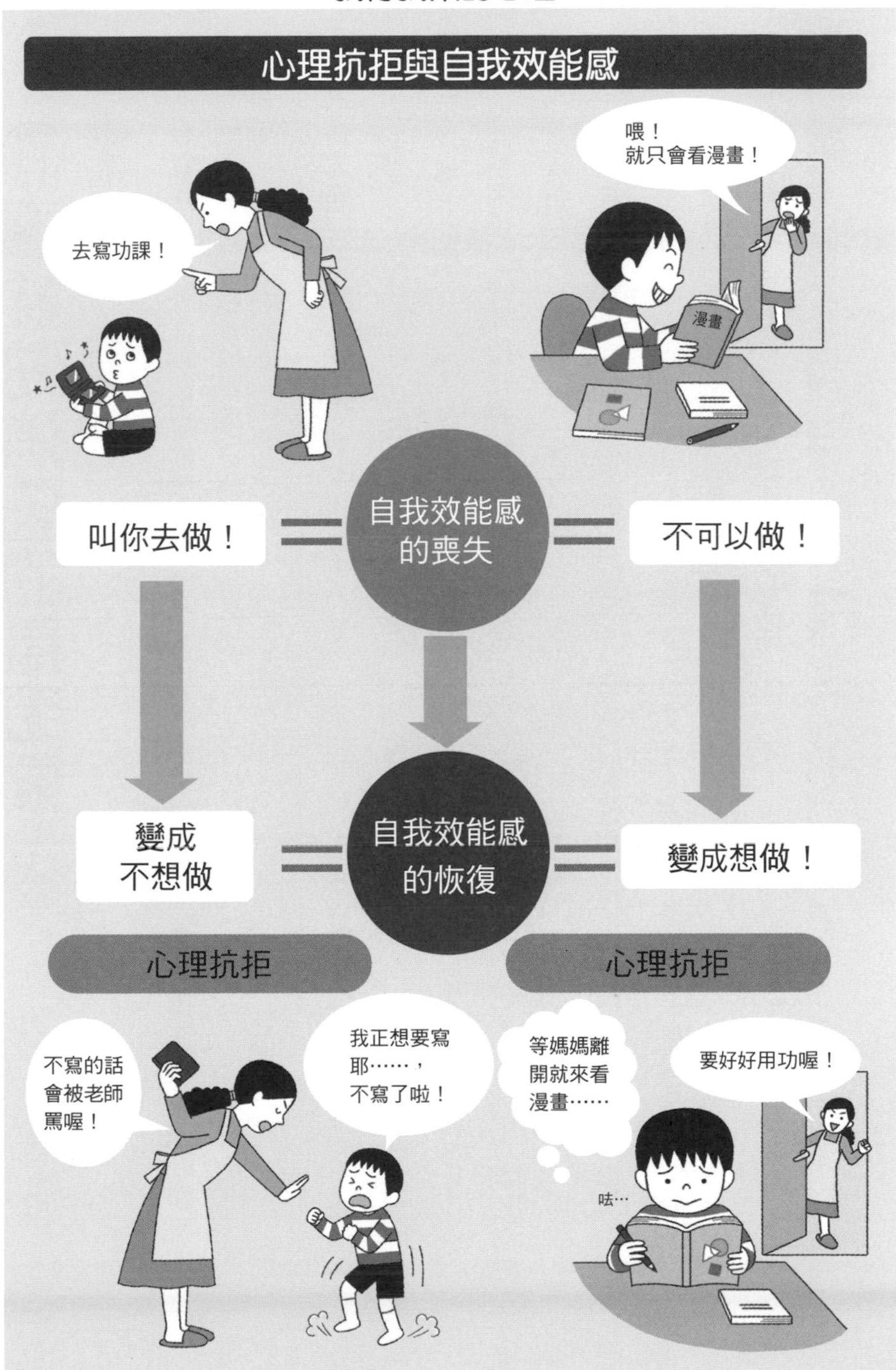
心理抗拒與自我效能感
去寫功課！
喂！
就只會看漫畫！
漫畫
叫你去做！
自我效能感
的喪失
不可以做！
變成
不想做
自我效能感
的恢復
變成想做！
心理抗拒
心理抗拒
不寫的話
會被老師
罵喔！
我正想要寫
耶……，
不寫了啦！
等媽媽離
開就來看
漫畫……
要好好用功喔！
呿…

行為與學習

⑪讓幹勁消失的無助感

穿梭箱實驗

若繼續被置於無法迴避的困難狀況中，幹勁便會消失，並且覺得無論做什麼都無濟於事。這就是經由學習得到的無助感。

人一旦長久處於不管做什麼都不順利的狀況，不只會失去幹勁，更不會想去面對。塞利格曼（Martin E. P. Seligman）等人，將這種現象稱為**習得無助**。他們藉由以下的**穿梭箱實驗**，發現無力感也能經由學習而獲得。

首先，將兩隻狗分別綁在地板通電的房間裡，並且持續給予電擊。但是，一個房間有停止電擊的按鈕裝置，另一個房間則是持續給予怎麼樣也躲不了的電擊。接著，將這兩隻狗分別放入有兩個房間相連且地板通有電流的穿梭箱內。原先放置在有電擊停止按鈕房間內的狗，為了逃避電擊而反覆試行錯誤，最後成功穿梭到隔壁的房間去。但是，沒有停電按鈕、被綁住且持續受電擊的狗，明明能夠逃開，卻照樣繼續接受電擊。

本來，所謂的學習指的是「行為隨著經驗不斷產生比較性變化」的現象，但經由「學習」，也會獲得不管做什麼也無法改變現狀，再努力也沒有用的「無助感」。

所謂習得無助

穿梭箱實驗

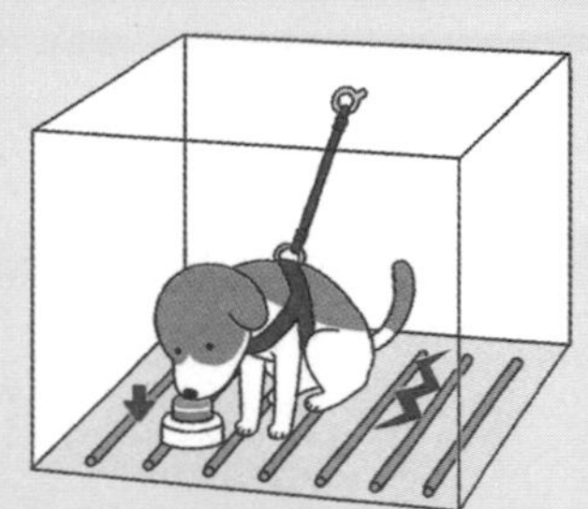

將狗綁住
且持續給予電擊

給予電擊但有停止
電擊的開關

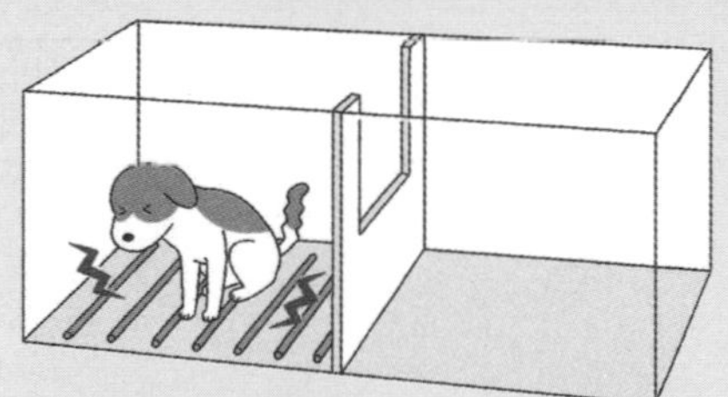

即使解開繩子且能逃到安全的
隔壁房，狗也繼續承受電擊

有了迴避電擊的經驗便會試著
逃避而移動到隔壁房間

在無法迴避的狀況中學習無助感 → 習得無助

若無論做什麼都沒有好結果，便會認為「光努力無濟於事」。就這樣，「無力感」也會藉由學習獲得。

⑫靈光一現的創造性思考

柯勒的實驗與「啊哈」頓悟經驗

「啊哈，有了！」原本完全沒注意到的事卻靈光一現，布勒稱之為「『啊哈』頓悟經驗」，而瓦拉斯將這種靈光一現的思考分為四個階段。

對於一直未能解決的問題，會在某時突然將從未想過有關聯的資訊串在一起，一口氣解決。此即是解決問題時的**洞察**行為。

完形心理學者柯勒，預先在黑猩猩的檻欄外放置長棒和香蕉，檻欄內則放入短棒。一開始，黑猩猩想以短棒取得香蕉失敗，但一段時間後，像突然想到似的，以短棒取長棒，再以長棒取香蕉。柯勒也觀察到黑猩猩會忽然做出前所未有的嘗試——將箱子疊在一起，以拿取吊在半空中吊的香蕉。兩者都是突然產生解決問題的行為，用試行錯誤等經驗主義的學習理論並無法說明，因此柯勒導入「洞察」的概念，認為黑猩猩也具有創造的思考能力。

「啊哈，有了！」靈光一現注意到本來沒注意到的事，布勒（Karl Bühler）稱這種經驗為**「啊哈」頓悟經驗（"Aha" experience）**。另一方面，瓦拉斯（Graham Wallas）將這種靈光一現的創造性思考，歸納出四個階段：資訊蒐集或試行錯誤的**準備期**、在潛意識尋思的**醞釀期**、突然靈光乍現的**豁朗期**、查證構想的**驗證期**。

洞察與靈光一閃的新行為

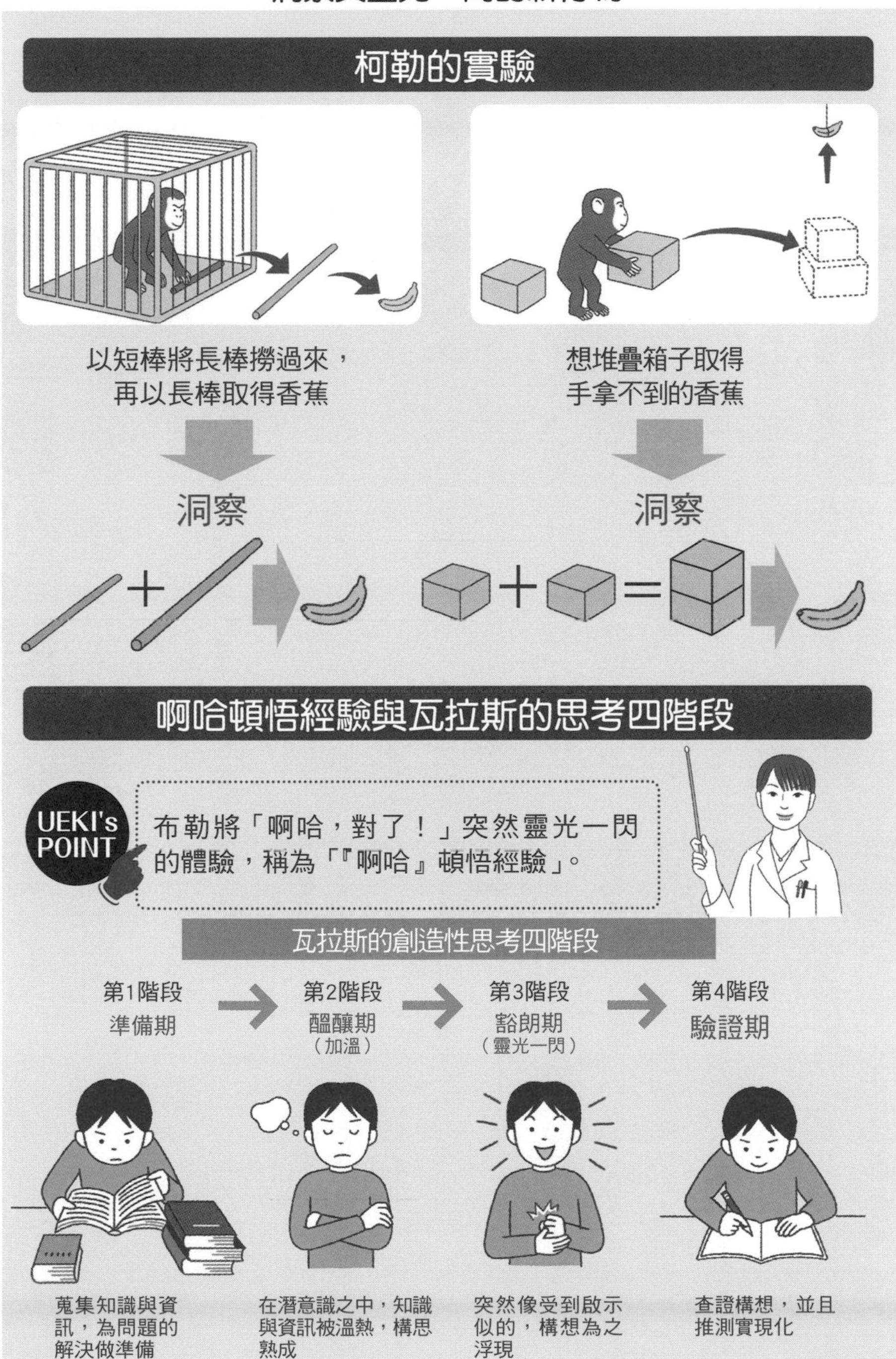
柯勒的實驗
以短棒將長棒撈過來，
再以長棒取得香蕉
想堆疊箱子取得
手拿不到的香蕉
洞察
洞察
啊哈頓悟經驗與瓦拉斯的思考四階段
UEKI's POINT
布勒將「啊哈，對了！」突然靈光一閃的體驗，稱為「『啊哈』頓悟經驗」。
瓦拉斯的創造性思考四階段
第1階段
準備期
第2階段
醞釀期
（加溫）
第3階段
豁朗期
（靈光一閃）
第4階段
驗證期
蒐集知識與資訊，為問題的解決做準備
在潛意識之中，知識與資訊被溫熱，構思熟成
突然像受到啟示似的，構想為之浮現
查證構想，並且推測實現化

⑬所謂「智力」是什麼？

三種構造模型與IQ

智力的構造，從「二因論」到「智力構造論」，有各式各樣的學說。另一方面，基於社會的要求，在二十世紀初誕生了智力測驗。

一般所謂「頭腦好」，被認為是「智力高」，那麼，所謂的**智力**，究竟是什麼呢？

斯皮爾曼（Charles Spearman）提出**智力二因論**，認為「智力」有兩種因素：由遺傳決定、作用於一般智力活動的「一般因素」，和受音樂或語言學等後天環境左右、僅作用於個別智力活動的「特殊因素」。另一方面，塞斯通（L. Thurstone）否定一般因素，提倡智力包含「記憶」「語言理解」等七個獨立因素的**智力群因論**。基爾福（Joy Paul Guilford）將智力群因論發展為**智力結構論**，特點在於思維運作向度上有「記憶」「認知」「聚斂性思考」（convergent thinking），還設定擴散性思考（divergent thinking），即創造性思考的基礎。

關於智力結構有各種理論，另外在二十世紀初為了因應社會、教育的需求產生了智力測驗。

最早應用的智力測驗由法國的比奈與西蒙（Binet & Simon）製作，主要比較兒童「心理年齡」與「實際年齡」差異。斯特恩（William Stern）參考比西量表，將「心理年齡」除以「生理年齡」乘100，命名為「智力商數」（IQ）。美國史丹福大學特曼（Lewis Terman）又修訂為**史比智力量表**（Stanford-Binet intelligence scale），至今廣為應用。

智力是什麼？

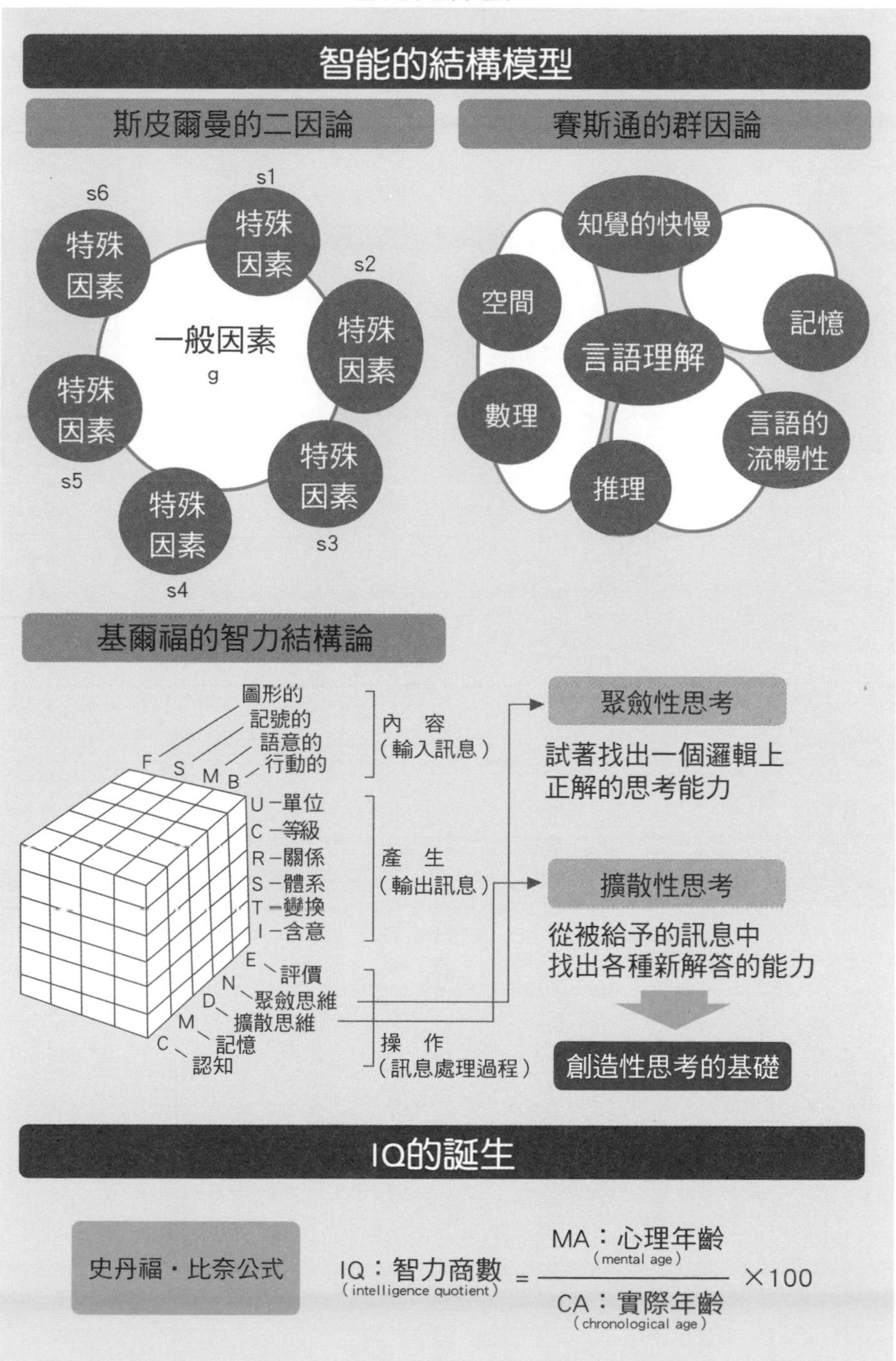
智能的結構模型
斯皮爾曼的二因論
s1
s2
s3
s4
s5
s6
特殊因素
一般因素
g
賽斯通的群因論
知覺的快慢
空間
記憶
言語理解
數理
言語的流暢性
推理
基爾福的智力結構論
圖形的
記號的
語意的
行動的
F
S
M
B
內 容
（輸入訊息）
U－單位
C－等級
R－關係
S－體系
T－變換
I－含意
產 生
（輸出訊息）
E 評價
N 聚斂思維
D 擴散思維
M 記憶
C 認知
操 作
（訊息處理過程）
聚斂性思考
試著找出一個邏輯上正解的思考能力
擴散性思考
從被給予的訊息中找出各種新解答的能力
創造性思考的基礎
IQ的誕生
史丹福・比奈公式
IQ：智力商數
（intelligence quotient）
MA：心理年齡
（mental age）
CA：實際年齡
（chronological age）
×100

⑭測定心的智力

情緒商數EQ

IQ確實是測量智力的指標之一，但IQ高的人儘管創造性高，卻不一定能夠適應社會。IQ測驗所測不出來的EQ最近漸受重視。

IQ等智力測驗偏重言語、記憶力、計算力、圖形處理等認知能力，但無法測出社會實用的智能。

事實上，比奈的智力測驗30項問題中，除認知能力外，也有金錢用法、繩帶繫法，以及困難時的處理等實用的問題，只是在後來的修訂中不見了。

此外，智力測驗大多單一解答，很難測出創造性思考（如基爾福的「擴散性思考」）的智力，因此IQ高的人並不一定創造性就高。

我們常常認為「智力高的人」就是「頭腦好的人」，但實際上，有高IQ但無法適應社會的人，也有低IQ但社會有成的人。

最近，高爾曼（Daniel Goleman）推廣IQ測驗測不出的**情緒智商**（EQ），開始有人認為情緒相關的能力也是智力的一部分。EQ中有五種能力：①能夠察覺自我情緒並下達內心認可判斷的能力；②能夠抑制憤怒衝動、控制感情的能力；③樂觀面對、朝向目標、有自我動機的能力；④理解他人立場，讀懂情緒的能力；⑤在集團中建立和諧人際關係的能力。

何謂EQ？

情緒相關的智力商數

有高IQ但不適應社會的人，也有低IQ但在社會上成功的人，這樣的情形很多

IQ測驗測不出的情緒商數有其必要

高爾曼推廣情緒智商EQ

人性的多樣指標，受到矚目

EQ（Emotional Intelligence Quotient）

EQ（情緒商數）	EQ的能力構成要素例		
		自我認識力	能夠察覺自我情緒並下達內心認可判斷的能力
		自我控制力	能夠抑制憤怒衝動、控制感情的能力
		樂觀性	樂觀面對、朝向目標、有自我動機的能力
		同理心	理解他人立場，讀懂情緒的能力
		社交能力	在集團中建立和諧人際關係的能力

Column

3

「給予報酬和忽視」的效果比「給予報酬和處罰」好

在行動心理學中，控制意欲的基本方法是給予「外在動機」（88頁）：若做了符合期望的事情就給予報酬，若做了不符合期望的事情則給予處罰。

但是，這種給予報酬與處罰的做法，有時候反而會削減意欲。關於報酬降低意欲的「逐漸削弱效應（undermining effect）」已在第94頁提及。而給予處罰方式也一定要小心。

上例的迷宮實驗中，如果加強電擊的力道，老鼠觸電的時候就會害怕突如其來的處罰而綣縮不前，結果變成了一隻既不往左也不向右前進的無力老鼠。這是一種「在冒險取得報酬之前，還是不要有任何動作比較好」的想法。人類也是一樣，處罰沒多大效果可以引起意欲。事實上，若做了符合期望的事情就給予大力稱讚，若做了不符合期望的事情則忽視不理，這樣比較有效。而且，被忽視的人可能還會覺得「斥責」是一種「報酬」，表示「受到關注」。因此與其給予報酬和處罰，不如給予稱讚和忽視會來得有效。

Part 4

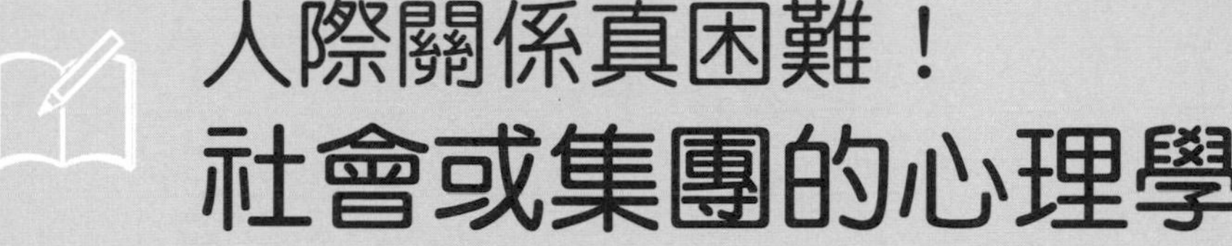

人際關係真困難！社會或集團的心理學

①從對人心理到社會現象

社會心理學的歷史與對象

誕生於社會學與心理學交界領域的社會心理學，在日益複雜的現代社會，從對人心理到組織心理，甚至是社會問題，其研究範圍正逐漸擴展。

之前提到的關於認知與學習的心理學，比較偏重個人的心理。而本章討論的**社會心理學**相對地從社會存在的角度研究人類心理與其相互作用。

事實上，心理學之父馮德（18頁）除了實驗心理學，也研究「民族心理學」，可說是「社會心理學」先驅。也就是說，前身為19世紀末「民族心理學」與「群眾心理學」的「社會心理學」誕生自**社會學**及**心理學**。一九〇八年，「社會學者」羅斯（Edward Alsworth Ross）與「心理學者」麥獨孤（William McDougall）分別在同年出版了《社會心理學》及《社會心理學導論》，由此可見一斑。

其後，奧爾波特（Gordon Willard Allport）否定麥獨孤的「群體心靈」，並且從「個人行為科學」角度提倡社會心理學。後來，在美國主要發展以個人為對象的實驗社會心理學，開發了許多理論。但到了一九七〇年代，因為沒有實驗室研究與整合性理論、分裂為**社會學的社會心理學**與**心理學的社會心理學**。而八〇年代以降，田野調查以及探討集團與文化的研究很活躍。在重視人際關係的現代社會，社會心理學的領域從對人心理到社會問題，都有各種發展。

何謂社會心理學？

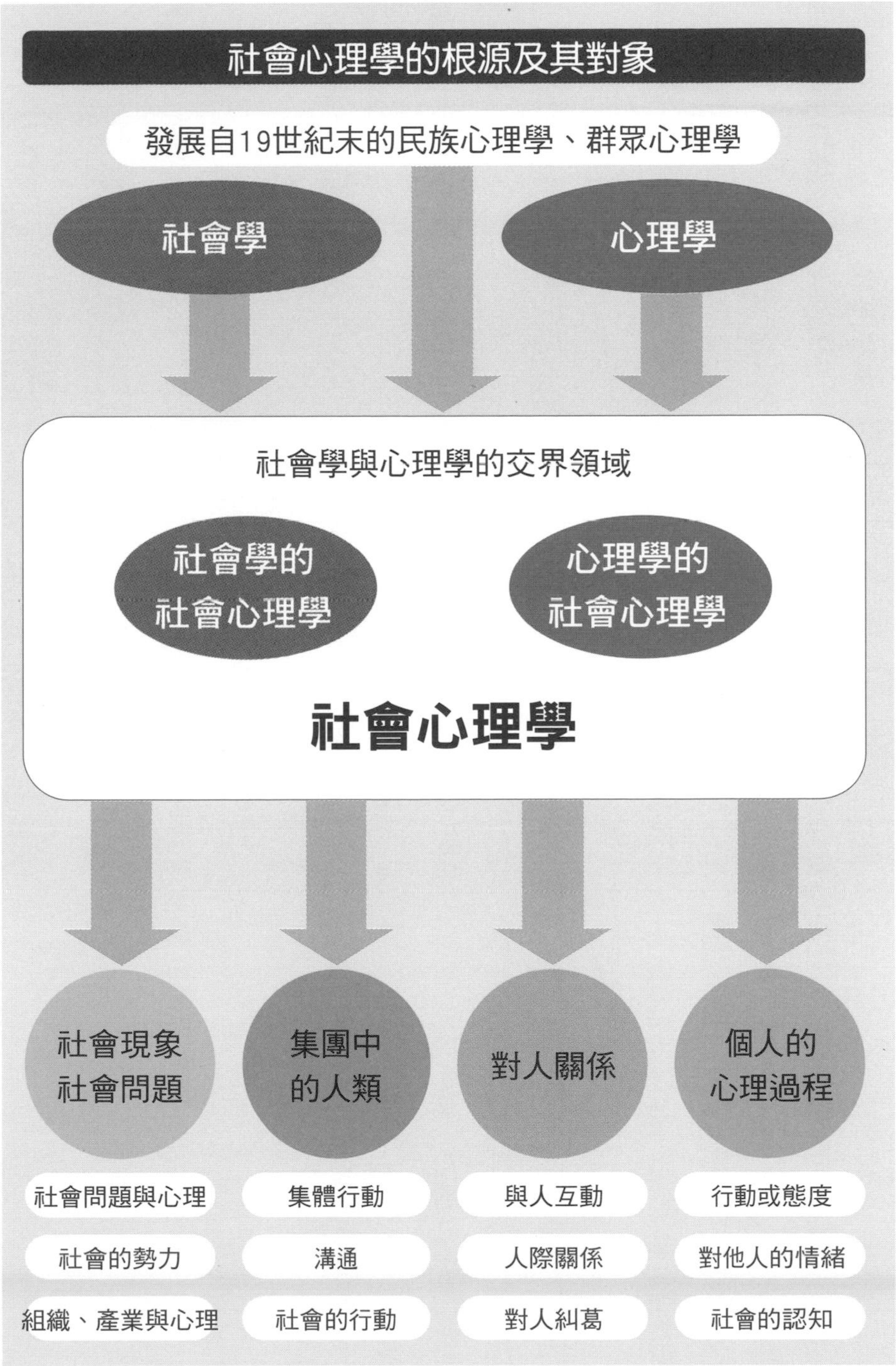

社會心理學的根源及其對象

發展自19世紀末的民族心理學、群眾心理學

社會學

心理學

社會學與心理學的交界領域

社會學的社會心理學

心理學的社會心理學

社會心理學

社會現象 社會問題	集團中 的人類	對人關係	個人的 心理過程
社會問題與心理	集體行動	與人互動	行動或態度
社會的勢力	溝通	人際關係	對他人的情緒
組織、產業與心理	社會的行動	對人糾葛	社會的認知

② 還是第一印象重要

根據特性或社會範疇的印象形成

初見面的對象沒給你留下強烈的印象嗎？對於印象形成，最初的事物具有加深影響的初始效果，因此第一印象最要緊。

推測對方是個怎樣的人，在心理學上稱為**對人認知**。在「對人認知」中，研究片斷資訊如何形成整體印象（**印象形成**）的阿希（Solomon Asch），進行了以下的實驗。

讓受測者閱讀關於某虛構人物的敘述，依序出現「智慧的」「勤勉的」「衝動的」「有批判力」「頑固的」「嫉妒深的」等形容詞，得到的評價是「這個角色雖然有些缺點，但是具有才幹」。若是顛倒形容詞出現的順序，評價就變成「這個角色因為有缺點所以無法發揮才幹」。這就是**初始效應**（primary effect）：印象形成會受到最初出現事物影響。

其他印象形成中產生的**偏誤**（bias）有：某個長處（短處）影響全體印象的**月暈效應**（halo effect）、對於人會傾向給予正向評價的**正向偏誤**（positivity bias）。這兩者都是因為人評價對方的時候有追求一致性的傾向

印象的形成不僅是根據特性，人在相遇的瞬間，會從容貌、服裝、舉止來判斷對方的國籍與性別等社會類屬（social category）。近來研究者**印象形成的連續體模型**，試圖概括性地了解對人認知（左圖）。

印象如何產生？

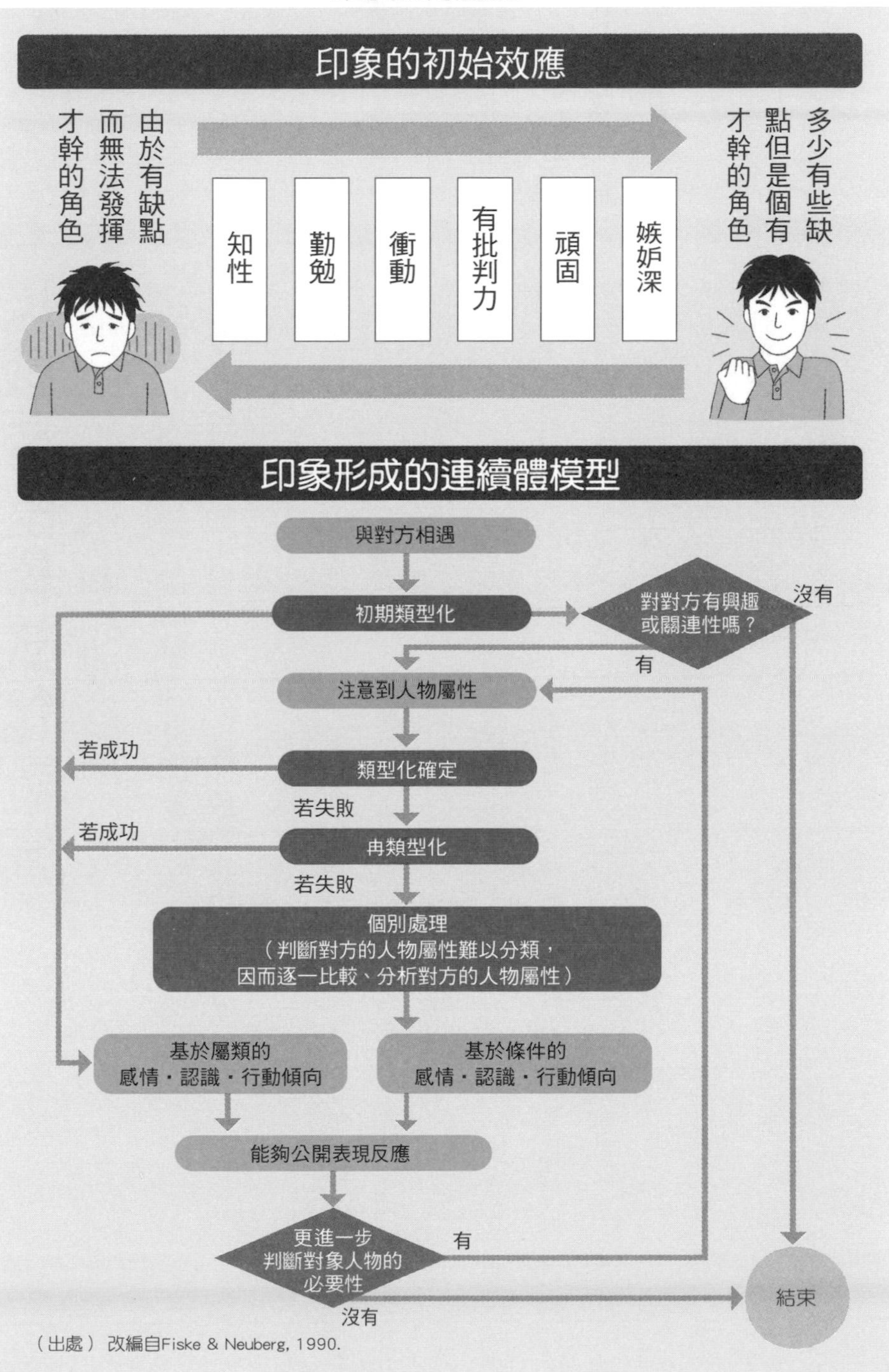

（出處）改編自Fiske & Neuberg, 1990.

③基於成見的模式化認知

負面的刻板印象生出偏見或差別

在推測對方是怎樣的人時，所利用的就是刻板印象。作為效率的判斷雖然也有優點，但負面的刻板印象會生出偏見或差別。

在「印象形成的連續體模型」（113頁）提過，在印象形成之際，我們會用國籍、性別、職業等各種社會屬類來推測對方是個怎樣的人。這種判斷就是用到了**刻板印象**。

例如，在外國電影中時常可見日本人戴眼鏡，拿著照相機的形象。另外，許多日本人認為義大利人爽朗且熱情，而德國人勤勉且喜好喝啤酒。而這種經過分類後對某集團產生的一致性認知，即稱為刻板印象。因此，一旦找到符合一致性認知的行動或證據，心裡就會想「啊，果然如此」而加強刻板印象。

刻板印象的形成受到文化性成見的影響，優點是用少許資訊就能進行有效的判斷。但是，對於外團體或弱勢族群，負面的刻板印象會形成偏見，導致差別待遇的社會問題。即使提出客觀證據反駁刻板印象，大多數人也會蒐集支持自身成見的資訊，反而補強偏見，更不接受客觀事實，這叫作**確認偏誤**。

小心刻板印象

刻板印象的發生與強化
經過分類後，對某集團產生一致性認知
刻板印象
戴眼鏡拿相機
活潑且熱情
勤勉且喜好啤酒
與印象一致的現實情況
「啊，果然」，強化刻板印象
刻板印象的利弊
社會的屬類化
成見
用少許資訊就能夠做有效的認知
刻板印象
確認偏誤，無視於反證
正面的（positive）
負面的（negative）
偏見
差別待遇
威權主義的性格
排外且威權主義傾向愈強的人愈容易根據刻板印象下判斷
對外集團或弱勢團體的偏見或差別待遇，逐漸社會問題化

④為了提高對人魅力

好感度增加的心理技巧

我們為何會喜歡一個人或討厭一個人呢？若是明白由心理學的實驗中所導出的對人魅力法則，應該能夠提升好感度。

在心理學上，他人對自己抱持的好感，稱為**魅力**。那麼，如何能提高魅力，讓人對自己產生好感呢？

初次見面時，男女最容易感受到的就是**外表的魅力**。在模擬審判中，常有容貌姣好的嫌疑犯被認為性格良好以致判決錯誤的情形。在繪本或卡通裡常見好人的樣子被畫得好看。這都存在著「好看的人＝好人」的刻板印象。

另外，調查入住公寓的學生擇友狀況，發現容易與住在附近的人成為朋友，可以說明距離上的**時空接近性**很重要。另外，與**熟識性**也有相關，從實驗得知只要多看幾次陌生人的相片就會產生好感，同理，遇到好幾次魅力也會提高。

此外，「夫妻臉」或「物以類聚」等，容貌或價值觀等**類似性**高的人會有聚在一起的傾向。即使類似性不高，人也會對相同態度或想法的人感到親切，而利用表示同意或做出相同動作以提高**同步性**，也是有效的。甚至，人有**善意的回報性**，喜歡對自己有好感的人，或厭惡討厭自己的人。因此，直截地表達自己的善意，揭露個人祕密或煩惱，這種**自我揭露**也有效

如何提高魅力

提升好感度的心理技巧

還是
容貌重要

外表的魅力

在模擬審判中，常有容貌姣好的嫌疑犯被認為性格良好，導致判決錯誤。

首先要
縮短距離

時空接近性

在朋友或結婚對象的選擇中，居住距離等物理的遠近是有影響的。要從拉近距離開始。

多見幾次
就會變得親近

熟識性

陌生人的相片，多看幾次好感度會提高。多相見幾次，好感度也會上升！

找出
相同的部分

類似性

就像郎才女貌、夫妻臉，容貌、態度、價值觀、興趣等類似性高的人，有聚在一起的傾向。

向對方
表示好感

善意的回報性

人會喜愛對自己有好感的人、厭惡討厭自己的人。首先向對方表達自己的好意吧。

配合
對方

同步性

人們對持有相同態度或感覺的人會有親近感。與對方表示同意，做出同樣動作也會帶來親近感。

將自己
表露出來

自我揭露

將私人的祕密或煩惱等個人的資訊坦誠以告，會帶來親近感。

⑤期望成真!?

自我應驗預言的比馬龍效應

人際關係中，特別是在教育現場中常有自我應驗預言的情形。比馬龍效應也被稱作教育期待效應。

在對人認知的場面中，已知有**自我應驗預言**的情況存在。

舉例而言，縱然銀行的經營健全，一旦有人預言「那家銀行會破產」，就會引起實際的擠兌行為導致銀行破產，這就是預言本身引發某種行動以致預言成真的例子。

這在人與人之間的溝通也會發生。例如，自己預測原本溫厚的人有攻擊性，連與他對談時也作勢防守，讓氣氛變成險惡，最後對方也發怒了。就這樣，自己的預測得到應驗。這種自我應驗預言在老師與學生的教育現場中則是心理學有名的期待效應。

羅森塔爾（Robert Rosenthal）等人，讓學生做智力測驗，再隨機挑出一群與測驗成績無關的學生，並向老師表示這群學生「將來成績進步的可能性很高」。一年後舉行智力測驗，他們的成績確實進步了。也就是說，老師對被預言成績會進步的學生灌注了期待，結果學生也回應了期待。羅森塔爾命名為**比馬龍效應**。比馬龍是希臘神話的國王，他愛上自己做的雕像，結果雕像如願變成人並與之結婚。

自我應驗預言

期待成真的比馬龍效應

比馬龍效應

教師向A組傳達「將來成績進步的可能性很高」。

A組
被期待的學生們

B組
一般的學生們

教師向學生灌輸期待

1年後，比起什麼也沒有被說的B組，A組的成績呈現顯著成長。

學生也會回應期待

IQ值的上昇：1年級到6年級生

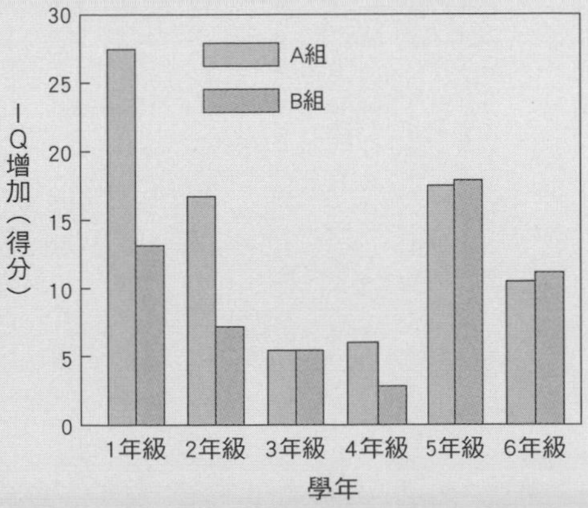

IQ增加（得分）
30
25
20
15
10
5
0

A組
B組

1年級 2年級 3年級 4年級 5年級 6年級
學年

（出處）Rosenthal & Jacobson, 1968.

⑥如何消解不舒服的認知

費斯汀格的「認知失調理論」

人若對於某事物的認知產生矛盾，就會因「認知失調」而感覺不舒服。為了消解它，人會配合改變想法或態度。

所謂認知，就是對人或物的認識或理解，雖然看似以對人的認知為主，其實不限定於人，我們對於每日生活中的種種事物都會進行認知。因此，也會出現認知互相矛盾的情形。

例如，自己每晚都會很開心地暢飲，但也知道攝取大量酒精會造成肝病，可能會肝硬化或罹患肝癌。於是，這兩個認知之間產生的矛盾或不一致，引起不舒服或緊張。費斯汀格（Leon Festinger）稱作**認知失調**。

對於產生這種認知失調的訊息，人本來就有迴避的傾向，在喝酒的例子中，人會不去注意肝病的訊息，但是一旦產生認知失調，人會為了解決此一狀況而採取各種方法。其一就是讓產生認知失調的其中之一要素改變，並且降低其重要性即可。也就是停止每日晚酌的行為即可。另一個方式則是認定酒精與肝病之間沒有因果關係，或認定兩者相關性低。

最後，還有加入新要素調和認知的手段。例如，找出「飲酒者比不飲酒者長壽，因為啤酒有助消解壓力」的數據讓自己安心。

所謂認知失調是什麼？

想要消解認知矛盾的心理運作

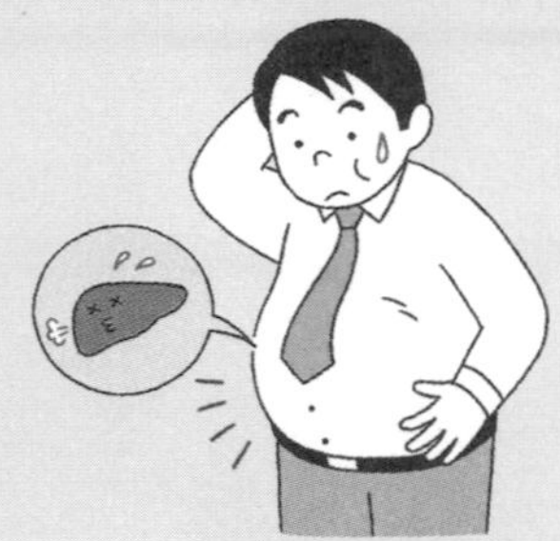

我每日晚酌
都會很開心地暢飲

攝取大量酒精
而引起肝病，
導致肝硬化或罹癌

↓

在兩個認知之間產生矛盾或不一致

↓

認知失調的發生

↓

喚起不快感或緊張

想要以各種方法消解失調的狀態

①改變自己的行動	②改變自己的想法	③加上新的認知要素
停止每日的晚酌或稍微節制。	酒精與肝病沒有因果關係。或者，直接了當認定沒有。	數據顯示飲酒有助消解壓力，飲酒者比較長壽。因此感到安心。

⑦人如何被說服？

說服機制的兩個模型

在社會生活中有各種說服性溝通在進行。說服性訊息被接收的程度高或低、是否被深思，都會造成不同的態度改變。

施加言語以改變對方的態度或想法，稱為「說服」。以說服為目的的溝通叫作**說服性溝通**，因說服而產生的改變則是**態度改變**。因此，商業廣告或政治宣傳活動皆是說服的一種。

古典的說服理論中較廣為人知的是霍夫蘭（Carl Iver Hovland）的**訊息學習理論**。其主張經過一連串「注意」「理解」「接受」「記憶」的學習過程，訊息內容會殘留在被說服者的態度之中。

但是，佩蒂與卡西奧波（Petty & Cacioppo）認為實際上有未詳加思考訊息內容就被說服的情形，因而提出**深思可能性模型**（elaboration likelihood model, ELM）。所謂深思，就是仔細思考訊息的內容。人會隨思考動機與能力的有無而改變處理訊息的途徑。例如，若深思動機與能力較高，會經由「中心途徑」處理訊息；相反地，就會因專家意見等緣故，經由「外圍途徑」直覺判斷。

「外圍途徑」是一種利用少許訊息做出簡單判斷的**捷徑式處理訊息方式**（heuristic processing）。而「中心途徑」是一種**系統式處理訊息方式**（systematic processing）。還有柴肯（Shelly Chaiken）提出兩者並行處理的**捷徑—系統模式**（heuristic-systematic model，HSM）。

深思可能性模型

將對方的說服性溝通內容
加以深思的動機與能力

有

無

中心途徑
詳加思考對方的
訊息內容後做出判斷

外圍途徑
從周邊的線索
（對方的地位・態度等）判斷

所說的內容
正確嗎？

由於是有權威的專家教
授所說的，因此大概不
會錯吧。

在不能判斷的情況下
於中心與外圍途徑
之間來回思索

主要經由中心
途徑接受

主要經由外圍
途徑接受

不能接受

持續的態度變化

不安定的態度變化

態度沒有變化

被說服，
可長時間維持

被說服，
但常常只是一時的

不被說服

⑧ 說服的效果不如意

可靠性與心理抗拒

說服者的可靠性會影響被說服者的態度變化。另一方面，高壓說服或過度重覆，也會因為心理抗拒而有意想不到的態度改變。

在說服的溝通上，說服者若給人感覺在該領域具有充實知識（＝**專門性**）、談話真誠（＝**信賴性**），**可靠性**會比普通人的說服內容還要高。因此，可靠性愈高，被說服者就愈容易接受。讓大學教授以專家之姿評比網購商品，其原因即在此。

但是，可靠性的效果會隨著時間而變化。霍夫蘭從高低兩種可靠性的資訊源發出相同訊息給接收者，並調查其態度變化。在接收訊息後不久，高可靠性資訊源者的態度變化量較大，4個星期後急速下降。這就是**遺忘效應**（forgetting effect）。反觀低可靠性資訊源的訊息，雖然一開始變化量低，但4個星期後上昇，幾乎和高可靠性者相同。這種隨著時間流逝產生相反效果的現象就叫**睡眠者效應**（sleeper effect）。

此外，相同訊息經過再三反覆，雖然會因為「單純曝光效應」而說服性變高，但過度重覆且高壓的說服訊息會形成心理抗拒（98頁），造成反效果。此即**回力棒效應**（boomerang effect）。

說服力的差異與心理抗拒

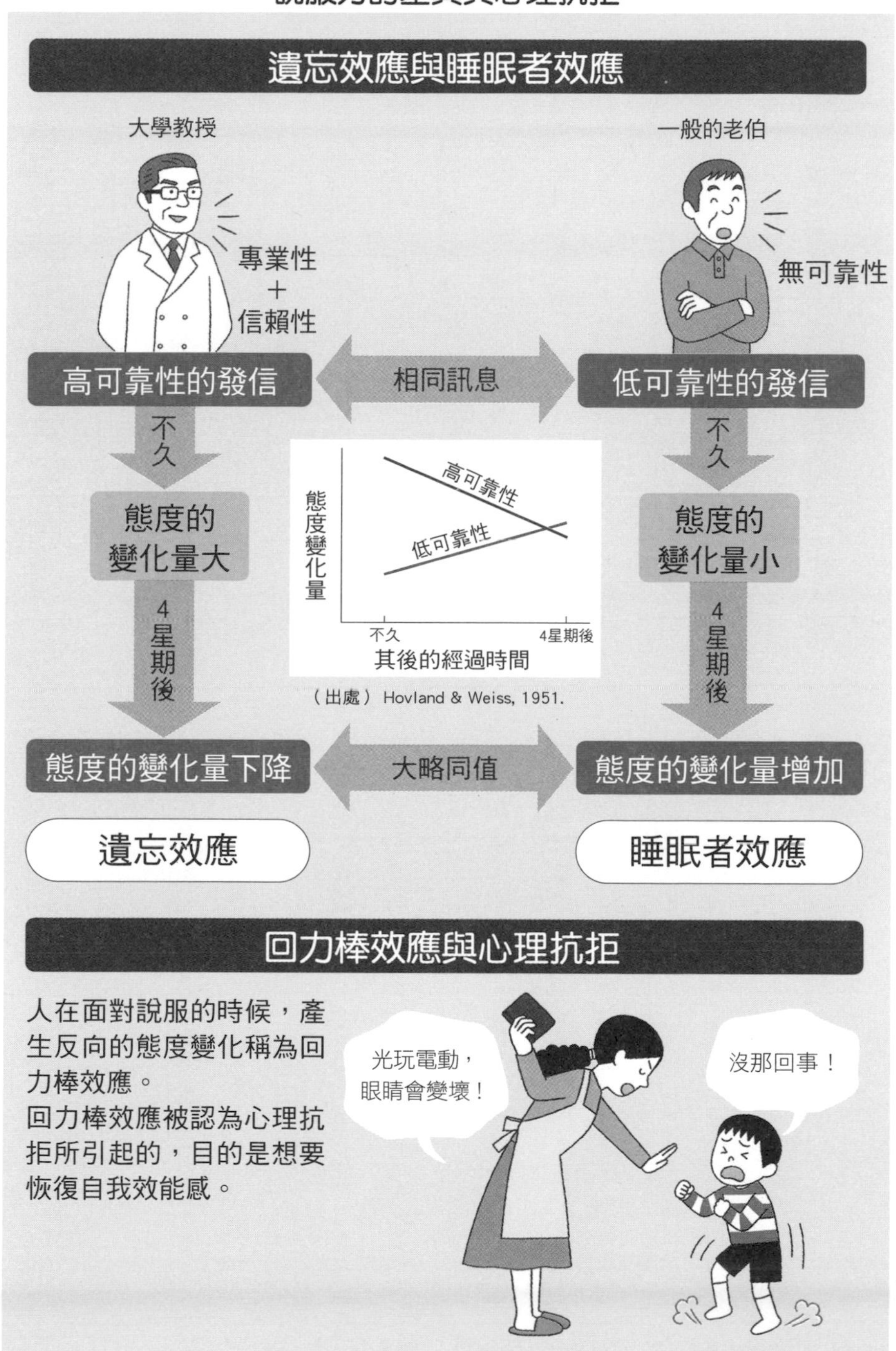

人在面對說服的時候，產生反向的態度變化稱為回力棒效應。
回力棒效應被認為心理抗拒所引起的，目的是想要恢復自我效能感。

⑨說服的技術1

向推銷員學說服術

以往在拜訪推銷的情境中，有許多利用人類心理的說服術。這些都是利用了認知一致性理論與罪惡感的推銷技巧。

說服性的溝通天天都在推銷與勸敗的場合中進行。因此，有各種利用人類心理的說服術。

其代表就是**登門檻法**（foot-in-the-door technique），即一開始讓對方給予「小的承諾」，隨後再要求給「大的承諾」。其名稱緣由是：推銷員認為只要腳踏入門內，就可以提高成交率，於是有「請讓我為您說明，只要花一點點時間就好」的話術。從心理學來說，一開始的「已經給了小承諾」與後來不買商品的「不給大承諾」之間產生認知失調（120頁），而為了要消解認知失調，最後還是買了。

另外，**留面子法**（door-in-the-face technique）反而是預料會被拒絕，於是一開始便做出「大的請求」，被拒絕後再用「小的請求」使其做出承諾。這就是利用拒絕「大的請求」所產生的罪惡感，突破重圍使其承諾「小的請求」。

還有**低球法**（low-ball technique）恰如其名，就是容易拿取的低球之意，亦即一開始用容易入手的價格使其承諾，再用各種理由抬高價格。由於人有「認知一致性」，只要說過要買，就很難拒絕。

代表性的說服技巧

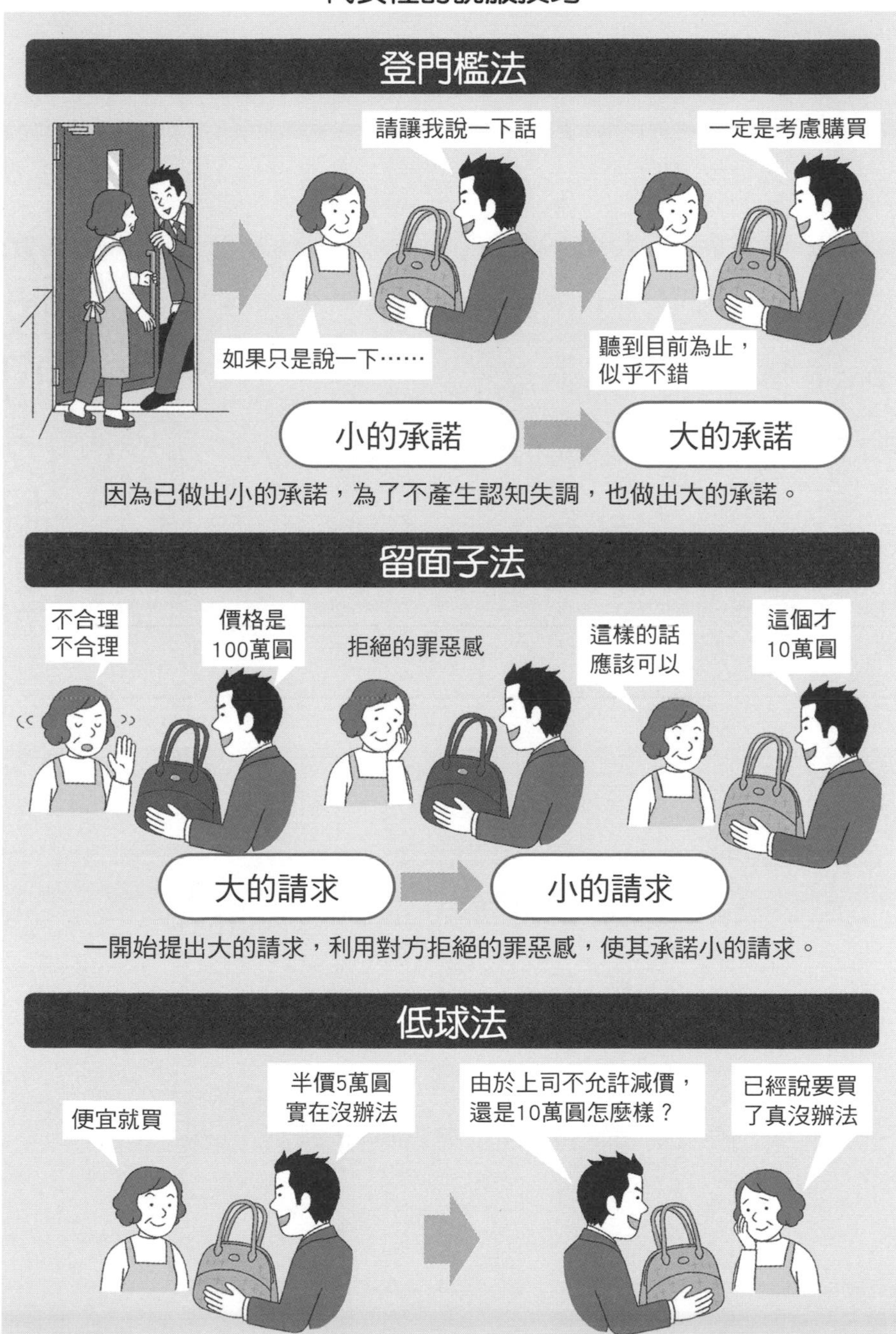
登門檻法
請讓我說一下話
一定是考慮購買
如果只是說一下……
聽到目前為止，似乎不錯
小的承諾
大的承諾
因為已做出小的承諾，為了不產生認知失調，也做出大的承諾。
留面子法
不合理 不合理
價格是100萬圓
拒絕的罪惡感
這樣的話應該可以
這個才10萬圓
大的請求
小的請求
一開始提出大的請求，利用對方拒絕的罪惡感，使其承諾小的請求。
低球法
便宜就買
半價5萬圓實在沒辦法
由於上司不允許減價，還是10萬圓怎麼樣？
已經說要買了真沒辦法
用低價讓對方承諾「要買」，即使抬高價格，對方也會因為一致性原則只好買下。

⑩說服的技術2

潛伏在推銷術中的心理學

廣告傳單、廣告詞，或推銷言詞都用了各種類似的話術。其中與購買有關的心理技巧常常被運用。

在電視購物或現場販售，經常聽到相同的推銷言詞。其中潛藏著為了獲得答應購買的各種心理技巧。

例如，「因為您是貴客，我願意給您優惠」的話術，就是訴諸**好意的回報性**的說服術。因為人接受好意就會回報以好意，所以用降價表示好意，進而促其購買。常見的還有「限時特賣」或「所剩不多」等強調**稀少性**的話術。面對現在不買就買不到的自我效能感低落，「心理抗拒」啟動，結果購買意願為之增加。還有，「有名的ＸＸ大師推薦」等話術，利用人容易服從**權威**的傾向。也常聽到「ＸＸ大明星也在使用」的話術，這不只利用人容易被高**好感度**者說服的心理，還訴求那是一種**社會證明**以滿足人的從眾傾向。另外，也有傳單打著「絕對高價，但是值得」話術，做出同時顯示負面缺點的**雙面訊息**。對於詳知商品資訊的人就會提高信賴度，並且降低購入的抵抗感。

此外，別人的反應等**情境因素**也不可忽略。例如，電視購物刻意加入觀眾的歡呼聲或拍手聲，其原因即在此。

獲得答應購買的心理學

潛伏在推銷術中的心理技巧

好意的回報性

因為您是貴客，我願意給您優惠！

好心得好報。訴求好意回報性的說服法。用降價表示好意，促使客人購買商品作為回報

社會證明

那個XXX
也在使用！

訴求人的從眾傾向，提供「別人也這麼做」的資訊

稀少性

限時特賣一組10萬?!
所剩不多！

人有心理抗拒（想要保持自我效能感的傾向）的時候，強調「現在不買就會買不到」以增強購買意願

好感度

先生（小姐）
有眼力！

人容易被有好感的對象說服。多加稱讚以提高好感度，就容易說服對方

權威

這是有名的
XX大師推薦的

利用人容易服從權威的傾向，讓大學教授或專業人士推薦，提示頭銜和地位讓人覺得很厲害

情境因素

你看看，棚內的
觀眾也很讚賞呢！

情境因素對說服也很重要，其中之一就是他人的反應。例如，別的觀眾拍手可以讓人看到肯定的態度變化。電視購物刻意加入棚內觀眾的拍手或歡呼聲，其原因即在此

認知一致

您說過一定要買，
是吧？

由於人有使認知與行為一致的傾向，所以先前（被誘導）的行為還是會再次做出。登門檻法和低球法就是利用這種心理技巧。

雙面訊息

絕對高價，
但是值得！

不僅只是好的一面，不好的一面也加以提示，使信賴度提高，可以抵抗反對購入的意見

⑪識時務者為俊傑的心理

迎合多數人的阿希從眾實驗

雖然一個人能做出正確判斷，然而一旦在集團中就會採取「從眾行為」以迎合旁人，才會有人將黑說成白，錯誤說成正確。

人一旦附屬在集團之中，很自然的會跟從集團內的規範，配合周遭的言行舉止。有關這種**從眾行為**，阿希進行了以下實驗。

以7至9人為一組，先讓他們看一條直線A，再要求從3條線中選出1條與直線A一樣長的線條。實驗的結果，明明一個人作答的正確率是99％，但是當其他人（全部都是實驗助手，即假受測者）選錯的時候，受測者就會跟從錯誤答案，正確率跌至68％。

但是，實驗助手中只要有人選出正解，正確率就變成94％，由此可知只有在全體一致的狀況下，才容易產生從眾行為。

那麼，為何明明是錯誤的答案，還會跟從集團說那是正確答案呢？其中一個原因是人會受到**訊息性影響**（認為別人的情報是有用的）以及**規範性影響**（脫離團體規範就會被孤立）。

此外，費斯汀格將集團對於成員的吸引力稱作**團體凝聚力**。團體凝聚力愈高的團體，用團體規範以追求一致性的社會壓力愈強烈，也愈容易產生從眾行為。

跟從團體的心理

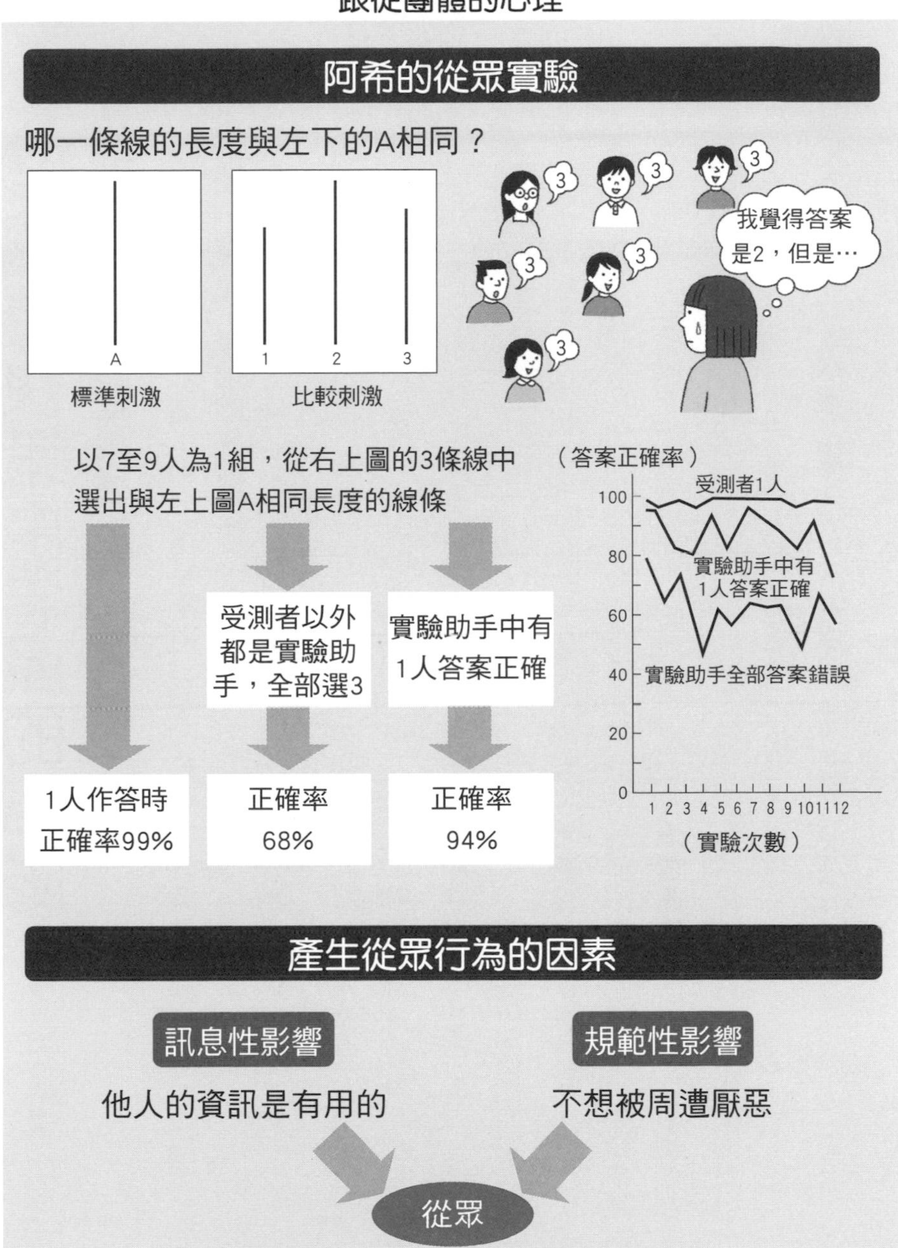

團體凝聚力高，要求集團一致性的社會壓力大，就特別容易做出從眾行為

集團與社會

⑫團體決策中潛藏的陷阱

團體迷思與冒險遷移

集團規範強烈的集團，一旦抱持不敗幻想、打壓反對意見，就會做出比個人思考還糟、極端不合理的判斷。

日本自古有一句諺語「人多反誤事」，指出七零八落且欠缺統一的集團會往詭異的方向前進。那麼，凝聚性高、用集團規範一切的集團，就不會往錯誤的方向前進嗎？

詹尼斯（Irving Janis）分析珍珠港事件、韓戰、越戰、水門案等政策錯誤產生的經緯，將美國總統及其身邊智庫視為一個集團，試圖從他們的決策過程中歸結出集團心理傾向的模型。

他認為因為凝聚力高且封閉的特性，在一致性壓力強力運作下的集團，逐漸產生集團不敗幻想並過度信賴集團規範，並且無視來自外部的警告，將其他集團的意見當作偏見，強化自我審查與集體幻想，打壓反對意見，於是陷入比個人思考還糟的不合理之**團體迷思**（groupthink）。

實際上，集團的決議有比個人決定更為冒險的傾向（**冒險遷移**，risky shift）。不過，成員之中保守的人占大多數的情況，集團決議就會傾向更為保守（**謹慎遷移**，cautious shift）。無論如何，團體思考有比個人思考更為極端的傾向，叫作**群體極化**。

團體迷思與團體極化

容易陷入團體迷思（團體思考）的團體

凝聚力高、封閉、一致性的壓力強烈運作的團體

團體的不敗幻想

對團體規範的過度信賴

無視來自外部的警告

對其他團體的偏見

以自我審查處理質疑團體的聲音

集體幻想

打壓反對意見

無視批評團體決議的訊息

↓

產生不合理且比個人思考還要拙劣的決議

傾向更為冒險或保守的團體極化

冒險遷移

比起個人決議，團體決策有更為冒險的傾向。

謹慎遷移

成員中保守的人占多數的情況下，團體決策會更為保守。

↓

群體極化

成員中若是冒險者占多數，團體決策就會則更冒險；成員中若是保守者占多數，則團體決策更保守。比個人決策還要來得極端。

⑬在集團中變得散漫的人們

社會性散漫與社會助長

雖然集團作業效率會變好，但個人在團體中變得懈怠的現象也很常見。只要有人一同工作或在旁觀察，工作效率就會得到提升或下降。

一般認為一件工作二人做比一人做好，三人做比二人做好，人數愈多，工作愈有進展。

林格曼（Maximilian Ringelmann）測試人在拔河時會因應人數改變而做出怎樣程度的施力變化。結果比起一對一拔河，人數愈多，每個人的平均拉力就愈弱。同樣的，拉丹（Bibb Latane）命令所有人盡全力大聲拍手及大叫，發現集團的人數愈多，每個人平均的音量愈小。

這叫作**社會性散漫**。團體愈大，愈難針對個人評價。面對無趣的工作，人會漸漸覺得即使少了自己的一人之力也無關緊要。但是在可計算出個別工作量或感覺工作有趣的情況下，這種現象不會發生。

相反的，也有因他人在場而效率提升的情況。進行捲線作業或單純乘法計算時，身旁有他人的效率會比單獨一人來得高。這種現象稱為**社會助長**；相反地，因為他人在場導致效率降低，就稱作**社會抑制**。柴恩斯（Robert Zajonc）認為他人在場會產生激發反應，在單純的作業或熟練度高的狀況下會產生「社會助長」；反之，在複雜的作業或熟練度低的狀況下會產生「社會抑制」。

社會性散漫與社會助長

社會性散漫實驗

林格曼的實驗

讓少數人拔河

每個人拚命地拉繩

參加者一旦增多……

各自的拉力變弱

拉丹的實驗

受測者被要求人盡全力拍手與出聲大叫。參加實驗者愈多，每個人的平均音量便會變小，如右圖所示。

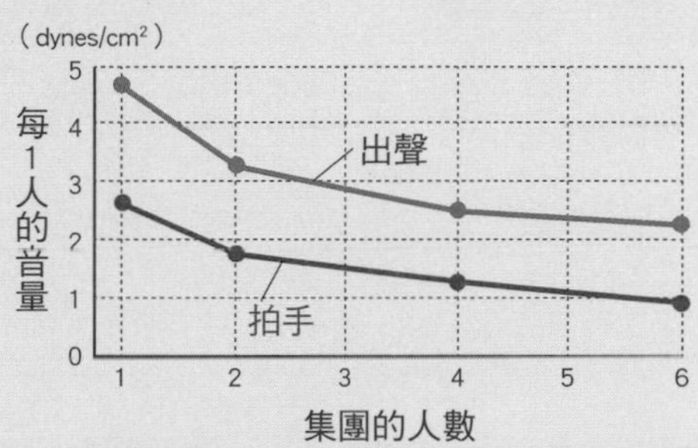

參加者一旦增多……➡每個人都會產生懈怠

社會助長與社會抑制

熟練度高的狀況或單純的作業

社會助長

因他人的存在而表現不錯

熟練度低的狀況或複雜的作業

社會抑制

因他人的存在而表現不佳

⑭總會有人做吧？

被抑止的援助行為

人類基本上會幫助有難的人。但是，一旦周圍有許多人，心裡便會想「總會有人做吧」，於是援助行為就會被抑制。

援助行為就是幫助有難的人。人為何要進行「援助行為」？

有兩個說法，一個是**本能說**，認為人具有幫助有難之人的天性；另一個是**社會強化說**，認為為了維持社會發展，援助行為不可欠缺，而且援助行為會受到讚賞，因此得到社會性強化。無論如何，人類藉由相互協助以適應環境，並讓社會維持發展。

然而，人不是在任何情況下都會做出援助行為。一九六四年紐約市深夜發生了凱蒂・吉諾維斯（Kitty Genovese）在返家途中被襲擊致死的慘案。聽到慘叫聲而自窗口目擊的人有38位，但據說誰也沒有報警。雖然後來才發現事實是：聽到慘叫聲的目擊者並非38人，而且有1人打電話報警。儘管如此，還是沒有人伸出援手。

關於此一事件，拉丹與達利擬立假設進行實驗。結論是，在團體中的人們會覺得「即使自己沒做，總會有人做吧」，因此產生的責任分散或相互抑制效應會抑止援助行為。此稱作**旁觀者效應**。

一旦知覺到團體的存在，援助行為就會被抑止

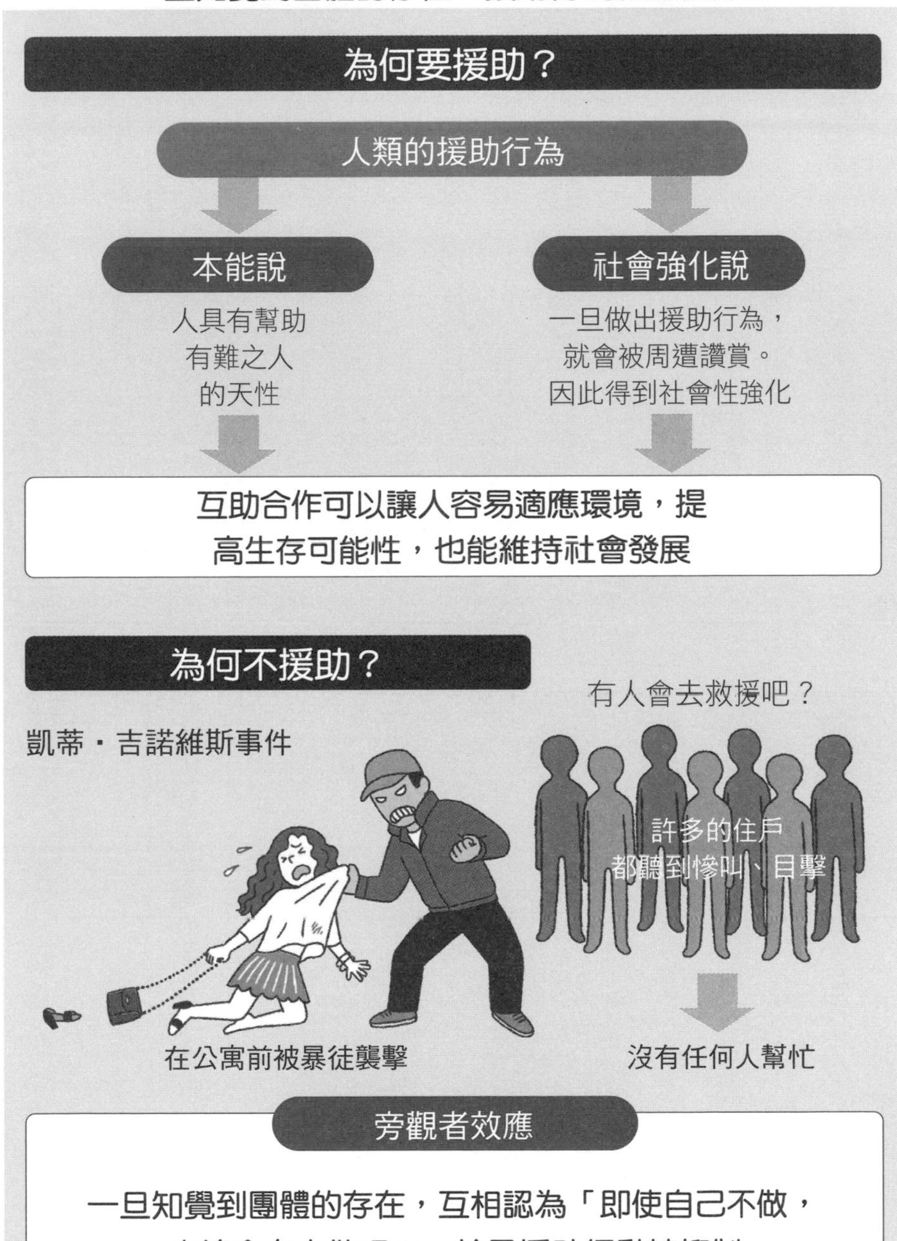

為何要援助？
人類的援助行為
本能說
人具有幫助
有難之人
的天性
社會強化說
一旦做出援助行為，
就會被周遭讚賞。
因此得到社會性強化
互助合作可以讓人容易適應環境，提
高生存可能性，也能維持社會發展
為何不援助？
凱蒂・吉諾維斯事件
在公寓前被暴徒襲擊
有人會去救援吧？
許多的住戶
都聽到慘叫、目擊
沒有任何人幫忙
旁觀者效應
一旦知覺到團體的存在，互相認為「即使自己不做，
也總會有人做吧？」於是援助行動被抑制
（責任分散或相互抑制）

⑮人因服從命令而變殘酷

米爾格倫的艾希曼實驗

人一旦受到權威者命令，縱然清楚這行為不人道，也會「服從」到底。這是「自己只是服從命令而已」的逃避責任心理在運作。

人一旦受到權威者的命令，雖然知道錯誤，也依舊會聽從，這種行為叫作**服從**。米爾格倫（Stanley Milgram）進行如下實驗。

從報紙廣告招募來的受測者，依抽籤結果分為教師與學生的角色，學生角色被綁在通電的椅子上，由教師角色念出記憶測驗，一旦學生答錯就會被電擊。

事實上，學生角色是故意安插的實驗助手，受測者全為教師角色，而學生角色為了演出痛感，在實驗前已經體驗過45伏特的輕度電擊。然後，安排實驗者對老師角色下指令：每當學生角色錯一題就增加15伏特電壓。事實上椅子並沒有通電，學生的痛苦反應全是演出來的。當被測者想要停止實驗時，實驗者以權威態度命令繼續做。結果，幾乎全部受測者都按超過300伏特，而有6成以上最高按到450伏特。

根據這個實驗，顯示人不管誰，只要是來自權威者的命令，縱然是不合理要求，也可能服從。附帶一言，此一實驗稱作**艾希曼實驗**，係取自將猶太人移送到集中營的負責人，也就是主張「自己只是服從命令而已」的納粹中校之名。

服從命令會讓人殘酷到什麼程度呢？

米爾格倫的艾希曼實驗

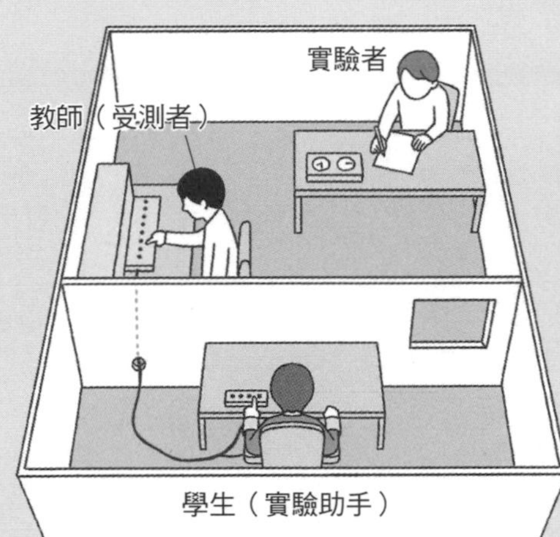

學生角色是實驗助手

教師角色（受測者）向學生角色提出問題

↓

學生角色一旦答錯，教師角色（受測者）就會給予電擊

↓

學生角色隨著電壓的增強而施展痛苦的演技

↓

受測者若想停止，實驗者就命令繼續

↓

每當學生角色出錯，受測者就提高電壓

當初預測2名精神科醫生與3名一般人不會給予電擊；其他人即使給予電擊，也是在300伏特以內

參加實驗的40人全部按到300伏特以上，其中26人持續加到450伏特的電流

無論是誰，對於來自權威者的命令或要求，縱然明知命令不合理，也可能會「服從」

集團與社會

⑯依據職務改變人格

津巴多的模擬監獄實驗

這個心理實驗曾在電影上演過，津巴多將大學的地下實驗室改裝成模擬監獄，而被分為看守角色與囚犯角色的學生們，也立即順應了職務。

人在社會生活中歸屬於各種組織，而身處其中，人傾向採取與被賦予職務相符的行動。其以明顯的例子，就是津巴多（Phillip Zimbardo）所進行的**史丹福模擬監獄實驗**。

津巴多將大學的地下實驗室改裝為「模擬監獄」，並且將招募的學生分為看守與囚犯兩種角色，然後開始預定兩個星期的實驗。囚犯角色在自宅面前被逮捕，按取指紋後，讓他穿上女性用的罩衫，裡面沒有貼身衣物，雙腳上鎖。另一方面，看守角色給予制服、墨鏡、警棍、手銬等，一切如監獄的運作。

很快地第2天早上起便開始發生變化，數名扮演囚犯的學生因反抗看守者而被鎮壓。看守者處罰抵抗者，優待沒有參與者，並且以高壓姿態加強管理。如此，看守變得更具攻擊性、權威性，動不動就對囚犯強加責罰。另一方面，在囚犯角色之中，出現了奉承看守者的告密者或中傷者，並且變得更加依賴、服從，最後甚至有人出現發極度抑鬱症或心因性出疹症狀，實驗在第6天中斷。

這是曾被搬上大螢幕的衝擊性實驗。人類很容易順應狀況所給予的**職務**，而與個人的價值觀或倫理觀無關。

因職務分擔而改變性格

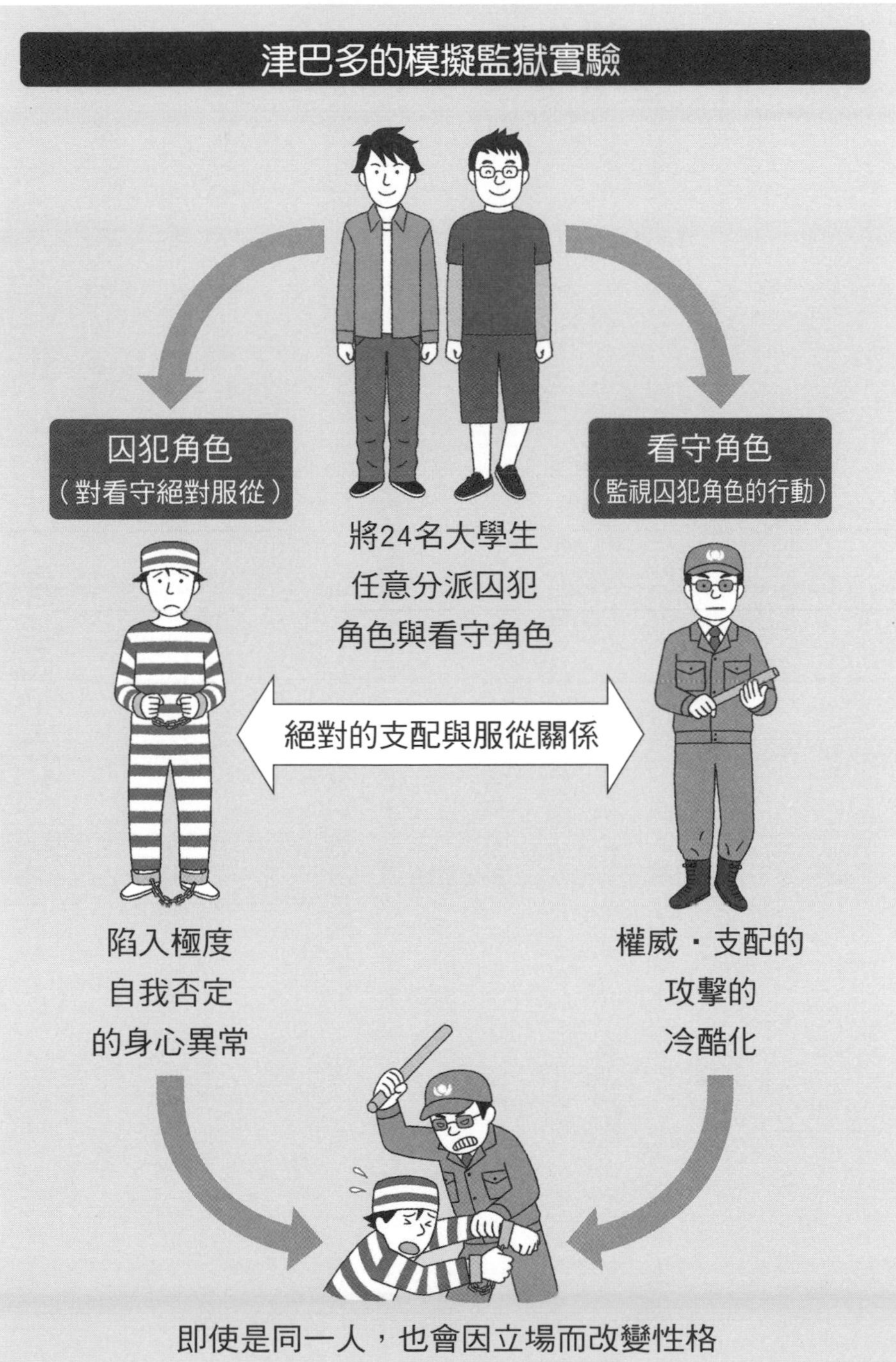
津巴多的模擬監獄實驗
囚犯角色
（對看守絕對服從）
看守角色
（監視囚犯角色的行動）
將24名大學生
任意分派囚犯
角色與看守角色
絕對的支配與服從關係
陷入極度
自我否定
的身心異常
權威・支配的
攻擊的
冷酷化
即使是同一人，也會因立場而改變性格

集團與社會

⑰無憑無據的謠言心理學

奧爾波特的謠言公式

在各種事件或事故中，倍受矚目者即使資訊極端稀少也會引起很多謠言。而且，資訊愈是模糊，愈容易擴大。

即使在無組織化的不特定多數團體中，人也會受到他人舉止的影響而採取某種特定行動或態度。此稱**集體現象**，其中一種引起恐慌等為人所知的群眾行為，就是**謠言**或**誹謗**。

「謠言」或「誹謗」無憑無據，卻在許多人連鎖的傳播下，成為被確信的資訊；而相對於謠言只是無法確認事實就隨意擴散，誹謗則是有意圖地散布與事實相反的資訊。這樣的資訊會被認為是真實，造成商品賣不出的實際損害，即所謂的「謠言受害」。

奧爾波特將此謠言的擴散以下列公式表現。

R（謠言的擴散）
＝I（資訊的重要性）X A（資訊的模糊性）

也就是說，其重要性愈高愈能擴散，其資訊愈模糊擴散愈廣。

此外，「謠言」的內容會失去細節，變得簡要（**平均化**），只強調資訊中的一個重點（**強調化**），介入傳話者的主觀以致內容扭曲（**同化**），一邊變化一邊廣為流傳。

無憑無據的資訊／謠言擴散

奧爾波特的謠言公式

R
=

I
×

A

Rumor 謠言的擴散情形	Important 資訊的重要性 （與自己的生活關係如何？）	Ambiguity 資訊的模糊性 （愈模糊愈想確認）

謠言的特徵

平均化 流失詳細的資訊，被單純化

到銀行
任職能怎樣
但是，銀行
不是很糟嗎？
聽說每天很忙，而且一出錯就
責任重大，再加上強盜搶銀行
的話，真是很可怕的喲！

銀行是
非常可怕的！

強調化 資訊之中的一部分被誇大

是風聲吧，
現在銀行的經營
似乎很辛苦呢！
我的親戚在○○
銀行上班，應該
不會有問題吧

○○銀行的
經營出狀況！

同　化 根據傳根據傳話者的主觀，內容被歪曲

①被再構成更容易，似乎言之有理的話語
②依循傳話者的偏見或期待，內容被改變
③個別的內容被編入成為內容之一

○○似乎要倒閉。
現在得趕快領走存款！

OOBANK
破產

⑱ 產生流行的心理

求異與從眾的需求

流行現象並非只是時尚或音樂等消費的動向。在各種領域看得到的「流行」的機制，都跟「求異的需求」與「從眾的需求」有關聯。

「流行」是社會的現象之一。雖然說「流行」會讓人想到時尚或音樂，但並非僅此而已。一切商品只要掌握了流行，就是左右消費行動。那麼，在心理學上產生這種「流行」的要素有什麼呢？

其一是**追求變化的需求**。嚮往徹底變身或革新的需求，且不斷想要「站在流行最前端」的人，此一需求極高。另外，想要獲得自我獨特性等評價的**自我顯露的需求**，會孕育出新穎打扮或獨創構想。相反的，也有不喜歡自我顯露，而想要與他人同化的需求，抱持這種「不想落伍」的想法正是基於這種**一致性的需求**。還有，**仰賴光環的需求**則是憧憬權威，想要沾光的一種需求，而選擇與名人相同的髮型，就是這個道理吧。

以上四個需求的前兩者，是**求異的需求**，而後兩者則被認為**從眾的需求**。

此外，羅吉斯（Everett M. Rogers）提出創新擴散理論，他認為流行的模式始於求新求變且對流行敏感的創新者，經由早期採納者與早期跟進者而廣為流行，而晚期跟進者或落後者將要採用時流行已近尾聲。在這樣的理論中，也可以說是包含著「求異的需求」與「從眾的需求」吧。

產生流行的心理

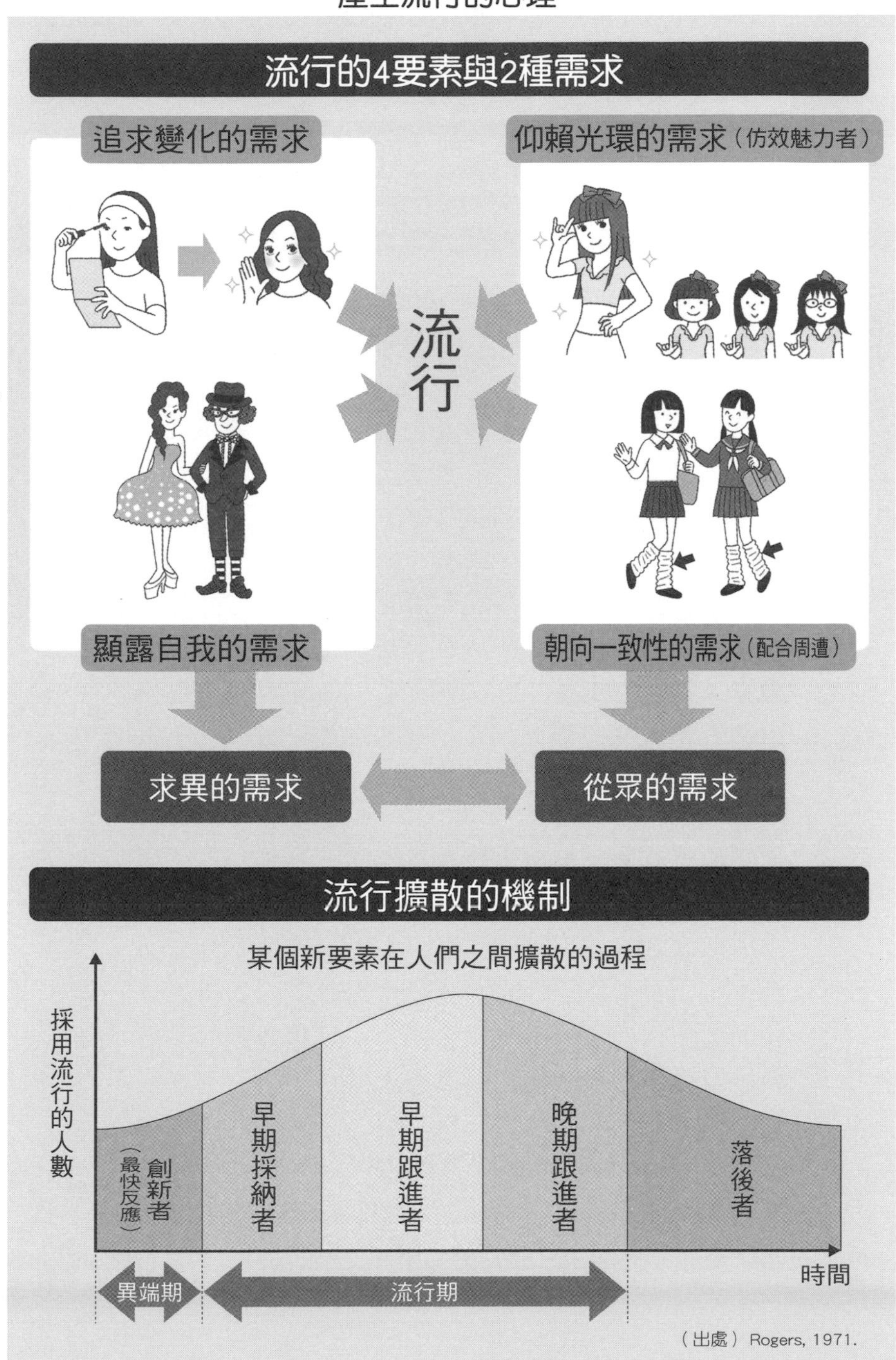
流行的4要素與2種需求
追求變化的需求
仰賴光環的需求（仿效魅力者）
流行
顯露自我的需求
朝向一致性的需求（配合周遭）
求異的需求
從眾的需求
流行擴散的機制
某個新要素在人們之間擴散的過程
採用流行的人數
創新者（最快反應）
早期採納者
早期跟進者
晚期跟進者
落後者
時間
異端期
流行期
（出處）Rogers, 1971.

Column

4

俊男美女的好處與壞處

若要說俊男美女的好處與壞處，姑且先說好處吧。因為男女受重視的對人魅力（116頁）都是「外表的魅力」，也就是說，重點還是在是否為俊男美女。並且，人們傾向認為俊男美女連性格方面也很好。

例如，在法國的實驗中，將280位女性的履歷（大頭照、自我推銷、經歷、興趣、婚姻簡歷、家族、出生地、年齡等）給400位男性面試官閱覽，使其就性格加以想像。於是，重視臉蛋的男性對於美女，不斷給以「她人很好」「這種類型不會說謊」的高評價，其比率是其他女性的7倍以上。針對男性的研究，也有「男性模特兒通過考選文件的比例要比一般人來得高」「身材高矮影響年收入」，或「就連歷屆美國總統選舉也是身材高的候選人具有壓倒性的高勝率」等結論。

也就是說，男女姣好的外貌會形成「月暈效應」（112頁），連性格與能力都被看好。但是就如同諺語「美人看三天也會膩」，月暈效應的有效期限短暫，愈瞭解對方效應愈減低。另外在滿懷大期待時，即使小缺點大為扣分，這就是「得失效應」（gain-loss effect）中的損失；相反地，對方缺乏外表魅力，期待值低，卻因一點小事而加分，這就是「得失效應」中的利得。

Part 5

思考心的成長！成長與發展的心理學

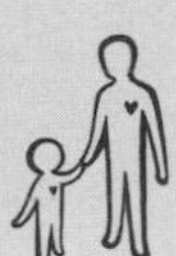

心理的成長

①何謂心理的發展？

人的成長會持續到死亡!?

「生涯發展心理學」認為人從受胎至死亡，心理會成長一輩子。說起來，這就是一門從搖籃開始研究人類、直到墳墓為止的心理學科。

從社會的觀點看人類心理，即使是同一個人，經過認知或學習後，孩童時期與成為大人後的心理並不一樣。在時間經過之中，心理也發生各種變化，並且持續成長。雖然這個就是所謂的**發展**，但「發展」曾經被認為是嬰幼兒變為成人的過程。也就是說，掌握可期的方向變化，直到成為成熟大人，這過程就被認為是「發展」。

八〇年代以來，這種思維逐漸轉變為**生涯發展**的想法，認為人自母親的體內受胎時起，就一直成長到死亡。這種想法在本章第150頁（**胎兒心理學**的出現）與第178頁（因應高齡化社會進展的**成功老化**概念）都能找到呼應。

那麼，發展是以什麼型態進展的呢？埃里克森的**發展階段理論**認為人經過各個階段成長，可分為「嬰兒期」「幼年期」「童年早期」「童年中期」「青春期」「成人早期」「成人中期」「成人晚期」8個階段區分。此外，赫威斯特（R. J. Havighurst）認為，個人為了完成正常的發展，每個發展都有各自應該達成的**發展任務**，如左圖之提示。

生涯發展各階段的任務

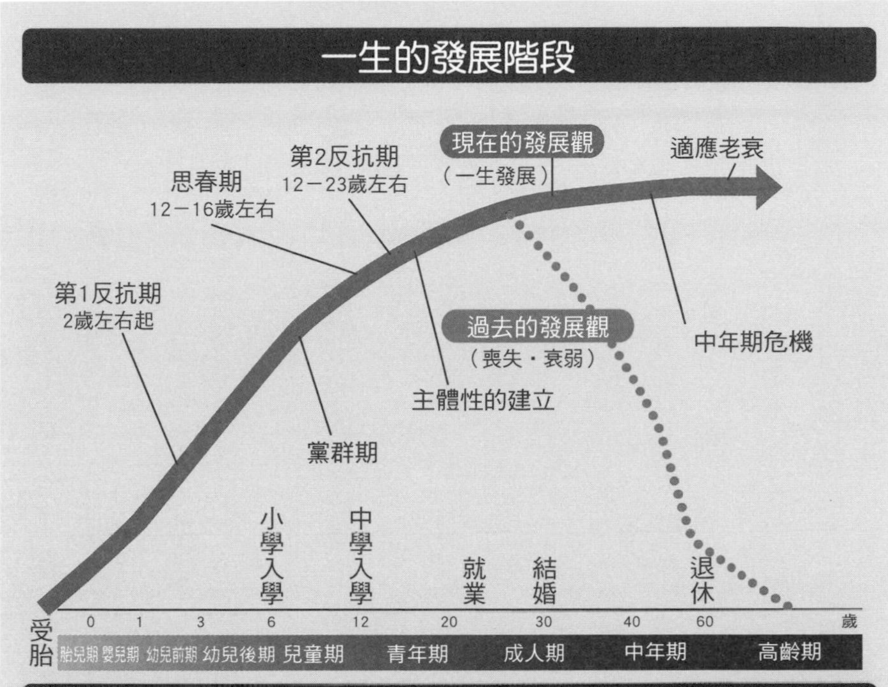

赫威斯特的發展任務舉例

嬰兒幼期

- 吃固體食物
- 學說話
- 學習與雙親或兄弟姊妹之間的人際關係

兒童期

- 身體技能的習得
- 學習與朋友遊玩
- 發展良心、道德性與價值觀

青少年期

- 構築與同年齡男女的成熟關係
- 情緒地獨立於雙親之外
- 自覺社會的任務而行動

壯年期

- 就業
- 選擇配偶建立家庭
- 生育孩子
- 擔負社會責任

中年期

- 擔任社會中堅
- 經濟力、生活水準的確立與維持
- 支援保護小孩的成長

老年期

- 適應肉體的衰老
- 適應退休與收入的減少
- 適應配偶的死亡
- 準備與接受死亡的來到

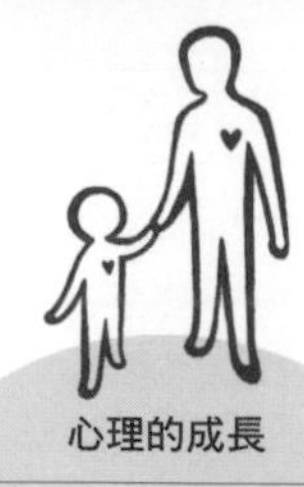

心理的成長

②胎兒也會有感覺

若耳朵聽得見，也知道羊水的味道

過去認為胎兒的感覺器官尚未發展。
但是，藉由超音波等顯影技術，我們愈來愈清楚胎兒的活動了。

你應該聽過「胎兒在腹中的時候就能聽見周圍的聲音，所以懷孕中不能吵架」這樣的話吧。過去，曾有研究讓出生後第一天的新生兒聽男女的聲音，觀察到新生兒對女性（也就是母親的聲音）做出選擇性反應，故推論胎兒時期可以聽見母親的聲音。現在，超音波檢查、電腦斷層掃描、核磁共振等各種儀器被開發出來，已經可在視覺上確認胎兒的狀態，讓**胎兒心理學**的領域大為發展。

因此，現在已知胎兒的感覺器官十分發達——甚於以往所認知的程度——而且對外界的刺激是有反應的。

例如，懷孕20週，內耳已經形成，耳朵開始聽得見，也已經在進行舔的練習。24週過後，逐漸可以喝羊水與排尿。25週時則連音樂與光也有反應，一到30週，觸覺與新生兒無異，味覺也大致完成。透過實驗，在羊水中加入甜味劑或苦味液，結果甜的就喝很多，苦的就皺眉頭。

如同上述情形，人類的發展從胎兒期就已經開始，並且感受刺激而進行各種活動。

胎兒期感覺器官的發展

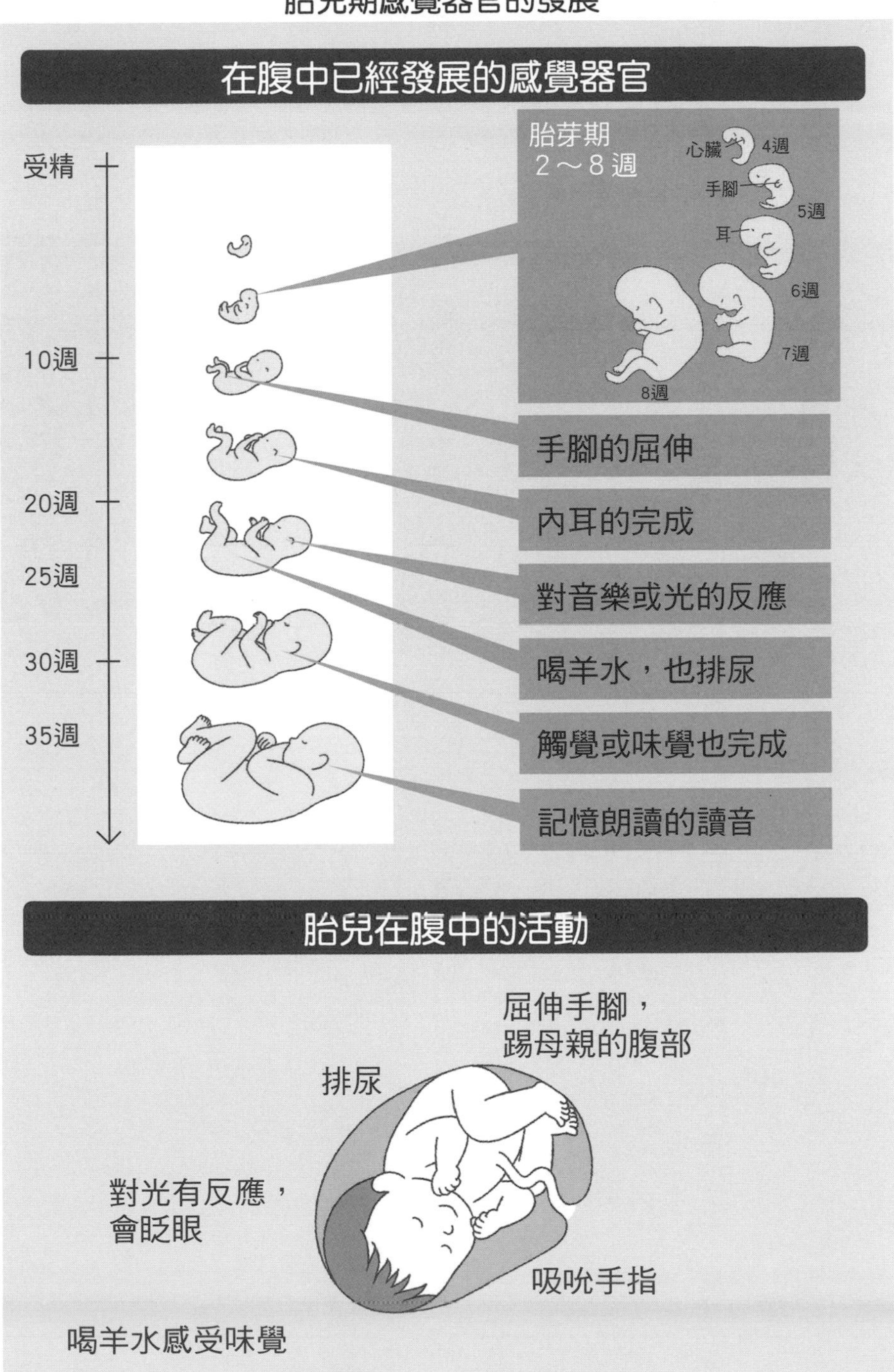
在腹中已經發展的感覺器官
受精
10週
20週
25週
30週
35週
胎芽期
2～8週
心臟
4週
手腳
5週
耳
6週
7週
8週
手腳的屈伸
內耳的完成
對音樂或光的反應
喝羊水，也排尿
觸覺或味覺也完成
記憶朗讀的讀音
胎兒在腹中的活動
屈伸手腳，
踢母親的腹部
排尿
對光有反應，
會眨眼
吸吮手指
喝羊水感受味覺

③新生兒的能力

原始反射與可愛戰略

因為人類腦部在進化的過程中巨大化，而有「人類是生物學上的早產兒」的說法。也許為了彌補未成熟的運動能力，才有原始反射與可愛的模樣吧。

剛出生的人類嬰兒，連走路都不會（**留巢性**）。但是，其他的哺乳類動物大多為了喝奶而能夠馬上站立、移動（**離巢性**）。波特曼（Adolf Portmann）稱之為生理性早產，他認為因為人類腦部巨大化，為了不增加母體負擔，在運動能力未發展的階段就提早出生。而且，人類運動能力即使未成熟（留巢性的特徵），其感覺能力卻已經成熟（離巢性的特徵），此即為**二次留巢性**。

例如，一出生，嬰兒的視力馬上就有0.02。出生後2個月，就可以用眼睛捕捉人的動作，會選擇性注視複雜的東西，特別是人的臉。聽覺方面，出生後1個月就能辨別ba與pa。即使是日本嬰兒，到了6～8個月，也能辨別L與R。

此外，**原始反射**是嬰兒生理性反射之一。有手掌一被觸碰就握合的「抓握反射」、以手指碰嘴就吸的「吸吮反射」，與若突然將頭部支撐移開就會張開雙手想要摟住什麼的「莫洛反射」，這些都是運動能力未成熟的嬰兒為了生存所必需的吧。

同樣的生存戰略還有在舒適狀態下產生生理微笑，以及四頭身體型、圓臉、眼距寬、臉部在較低位置等看起來可愛的特徵，洛倫茲（Konrad Lorenz）稱之為**嬰兒基模**（baby schema）。

新生兒的能力與特徵

剛出生嬰兒的能力器官

視力

出生立刻就是0.02。生後2個月就能用眼睛捕捉人的動作。會選擇性注視複雜的東西，特別是人的臉

聽力

會記住在胎內聽到的聲音，比起男性，更喜好女性的聲音，尤其是母親的聲音。出生後1個月能辨別ba與pa音。即便是日本人的嬰兒，在6～8個月也能辨別L與R

各種的原始反射

抓握反射：手掌一被觸碰就握合

吸允反射：以手指觸碰到嘴就吸

莫洛反射：頭部的支撐若忽然移開，就會張開雙手想要握住什麼

不對稱頸張力反射：將仰著的臉傾向一邊，該方向的手腳會伸直，而反側的手腳會彎曲

踏步反射：垂直支撐嬰兒，腳一搭在地板上，就會出現像步行的動作

笑臉

出生不久即可見到在舒適的狀態下所產生的生理性微笑；從3個月左右起會對向親近的人產生社會性微笑

嬰兒為何可愛？

嬰兒是四頭身

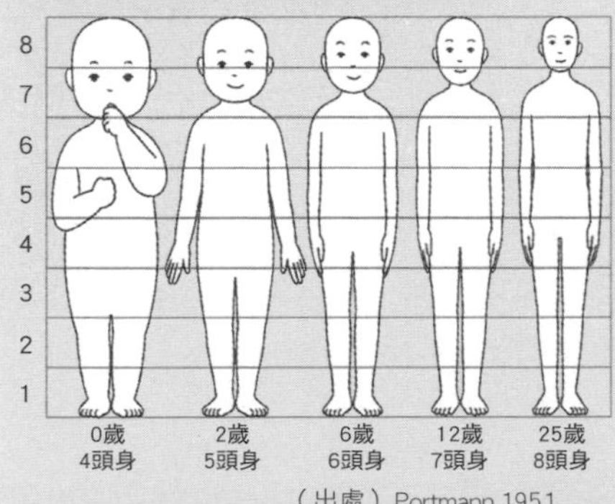

（出處）Portmann,1951.

洛倫茲的嬰兒基模

（出處）Lorenz,1943.

頭部比例與額頭較大、圓臉、眼睛位置低於臉部中心，這些幼兒特有的特徵（嬰兒基模）引發大人的保護欲。

④嬰幼兒與母親之間必要的依附

在健全人格形成中不可欠缺的依附

在嬰兒時期與母親等特定人士建立「依附」關係，就能穩定地構築其後的人際關係。

為了要健全小孩的發育，與母親之間的建立愛的信賴關係非常重要。這種在嬰幼兒期培養的人際關係基礎，就是**依附**（attachment）。

哈洛（Harry Harlow）將新生恆河猴從母親的身邊拉開，並且準備了兩種人偶作為替代母親，一個用鐵線做成，上頭有哺乳瓶，另一個用布做成。不管有無哺乳瓶，小恆河猴接觸布製人偶的時間，比鐵線人偶要來得長。這是因為在布製人偶上能感受到母親般的溫暖，由此可知與母親之間的身體親密是很重要的。

包比（J. Bowlby），將**依附的發展過程**歸納為四個階段。第1階段是在出生後3個月左右，無論對誰都是又凝視又笑的，做出同樣反應，對於經常照料的人，縱然不是母親，也都會有依附心理。

一進入第2階段，即3～6個月，開始對雙親等特定的人士懷抱依附之情，開始認人。

接著是第3個階段，出生後半年起一直到2歲左右為止，對雙親等特定的人士懷抱依附之情，表示出想與其在一起的態度。而第4階段是從3歲左右起，即使母親等特定的人士離開，因為心中已有羈絆，也就不會哭泣了。

嬰幼兒與母親之間不可欠缺的依附心理

哈洛的代理母親實驗

相較於有餵奶機能的鐵線製「母親」，猿猴的嬰兒還是選擇有溫暖感的布包縫製母親。

依照包比的依附發展過程

第1階段（從誕生後到8～12週左右）

無論對誰都是同樣的反應
會凝視、笑，還有伸手，但都不是選擇性反應

第2階段（從出生後12週左右起到6個月左右止）

對特定人的依附開始形成
對雙親等特定人士，特別有微笑等的反應，開始看出依附心理。

第3階段（從6個月左右起到2、3歲止）

依附心理確立，想要在特定人的身邊
逐漸對母親等特定人懷有依附心理，一旦被帶開就會哭出來，而只要那個人回來就會停止哭泣，清楚展現依附心理。

第4階段（從3歲左右起）

即使離開，心中已懷有羈絆
縱然看不到對他有依附心理的人，但卻存念在心，即使一個人也能安心。

心理的成長

⑤從牙牙學語到日常會話

嬰幼兒期語言的發展

小孩經過牙牙學語（babbling）與說出第一個字等階段，進而學會說話，直至學齡期前，逐漸能使用豐富的語彙與大人進行溝通。

人類的溝通最重要的是語言的使用。從出生起到5、6歲為止的嬰幼兒期，也是語言發展的時期。

嬰兒隨著發聲器官的發展，逐漸會發出各種聲音。到出生後6個月左右，開始**牙牙學語**，發出「啊、嗚」等母音，然後會再加上「buー、poー」等子音、鼻音、促音，並且反覆發音。從出生後8個月左右起，便會說**雜亂語**（jargon），即有意圖地牙牙學語，發出接近母語的聲音。接著，出生後約1年，從牙牙學語進展到可以**說出第一個字**，例如「媽媽」「噗噗」「爸爸」等。

此時候會用「汪汪」等的1字詞表達事物；到了2歲左右，便會使用「汪汪・來」「爸爸・上班」等2字詞，而到了3、4歲，詞彙量達到1500個以上，可以完成3個字彙程度的日常會話。到了4、5歲，更進一步能夠表現昨天或明天等過去或未來時態，也能使用複合句型說明理由。到了5、6歲，詞彙量達到二千五百個以上，漸漸地不再使用幼兒語，對於不同的人會變更說話與問題的內容。

小孩與語言的發展

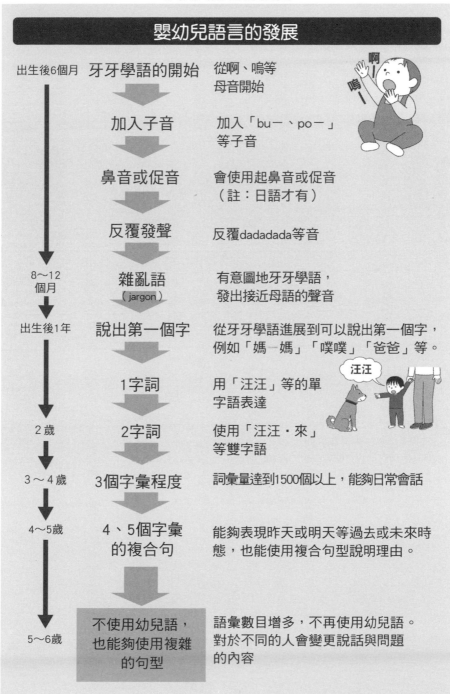

嬰幼兒語言的發展

出生後6個月	牙牙學語的開始	從啊、嗚等母音開始
	加入子音	加入「buー、poー」等子音
	鼻音或促音	會使用起鼻音或促音（註：日語才有）
	反覆發聲	反覆dadadada等音
8～12個月	雜亂語（jargon）	有意圖地牙牙學語，發出接近母語的聲音
出生後1年	說出第一個字	從牙牙學語進展到可以說出第一個字，例如「媽－媽」「噗噗」「爸爸」等。
	1字詞	用「汪汪」等的單字語表達
2歲	2字詞	使用「汪汪・來」等雙字語
3～4歲	3個字彙程度	詞彙量達到1500個以上，能夠日常會話
4～5歲	4、5個字彙的複合句	能夠表現昨天或明天等過去或未來時態，也能使用複合句型說明理由。
5～6歲	不使用幼兒語，也能夠使用複雜的句型	語彙數目增多，不再使用幼兒語。對於不同的人會變更說話與問題的內容

啊
嗚
汪汪

心理的成長

⑥自我覺醒的第1反抗期

從自我認知到自我主張

能夠自我認知的小孩，自我意識逐漸萌芽，進入第1反抗期。雖然對周遭的人來說很辛苦，但這是邁向自立的重要時期。

從某個時期開始，小孩子會試圖認識自我。為了研究這種**自我認知**的標記測試。以口紅在嬰兒臉頰或鼻子上做標記後讓其照鏡子。出生後3～4個月的嬰兒，根本不知道鏡中的影像就是自己，還以為是別人，既拍鏡子又將臉貼近。到了1歲左右，即使知道鏡子前面沒有人，也不會察覺鏡中的影像就是自己。直到了1歲半至2歲左右，會認出是自己的身影而想要抹去口紅。在這個時期也會有「當別人叫自己的名字的時候理解是在叫自己，並且做出反應」的情形。

一旦自我意識發芽、運動機能也發展，自己變得自由的情況就會增加。什麼事都要自己來、不想被強迫、想要試試自己的能力，這就是**第1反抗期**（或者第1次反抗期）的開端。

這時候逐漸會做出善惡的判斷，同時也會為了不被斥責而說謊。時間大致會持續4、5個月，也是每個家庭煩惱孩子教養的時期。但是，這是人類為了走向自立的自然過程，非常重要。即使身為父母者，也不要認為小孩是自己的一部分，而要接受小孩乃具有意見的獨自人格。

自我認知與自我的覺醒

藉由鏡子進行標記測試，瞭解自我認知的發展

在嬰兒臉頰或鼻子上以口紅畫個標記並讓其照鏡子

出生後3～4個月
不知道鏡中的影像就是自己

↓

1歲前後
即使理解鏡中影像不是真人
也不知道是自己

↓

1歲半到2歲
認識是自己的身影而想要抹去口紅

自我萌芽的第1反抗期（2歲～）

自我意識的萌芽
- 認知鏡中的自己
- 對自身名字有反應
- 運動機能也發展，自己能行動

↓

獨立心與自我主張
- 什麼都想自己來
- 不想被強迫，想要自由
- 想要試試自己的能力

↓

第1反抗期
無論什麼都想自己來，自我主張也變得很強。逐漸能做出善惡的判斷，同時也會為了不被斥責而說謊

↓

心的正常發展
這是走向自立的正常發展，要讓孩子自己來，同時在旁守護，使其建立自信，也培育自尊

⑦從什麼時候開始了解對方的心情？

情緒的發展與同理心

慢慢地能夠理解母親感情的嬰兒，一過了9個月，也能夠「參照」母親的感情而搞清楚狀況。

小孩是何時開始了解對方的心情呢？

新生兒視力雖然很弱，但是會對人臉或視線表現興趣，有**偏好注視**的傾向。此外，當大人大笑或是驚訝的時候，嬰兒會模仿大人的表情，就好像已經察覺到大人的心情。這就是**共鳴動作**，而即使沒有真正的感情交流，在這樣的相互作用反覆進行下，嬰兒逐漸能理解父母的情緒。到9個月左右為止，雖然在只有父母與自己二元關係的封閉世界裡進行互動，但一超過9個月，就可以做出參照性溝通，也就是先察覺母親的情緒，再去理解第三者。

例如，左圖有一張床，把嬰兒放在床上，床的另一半為強化玻璃，形成視覺上的斷崖，再讓母親站在對面。母親若是一副喜悅的表情，嬰兒就會開心地爬過玻璃床面來到母親身邊，但只要母親浮現出悲傷或恐怖的表情，嬰兒便會害怕斷崖而不來到母親身邊。

就這樣以母親為媒介，小孩子逐漸能夠做出**社會性參照行為**（social referencing behavior）。過了1歲半之後，**同理心**提高，能理解對方**情緒**，進而能夠做出真正的利他行為。直到兒童期、青年期，情緒仍然繼續發展。

嬰幼兒期情緒的發展

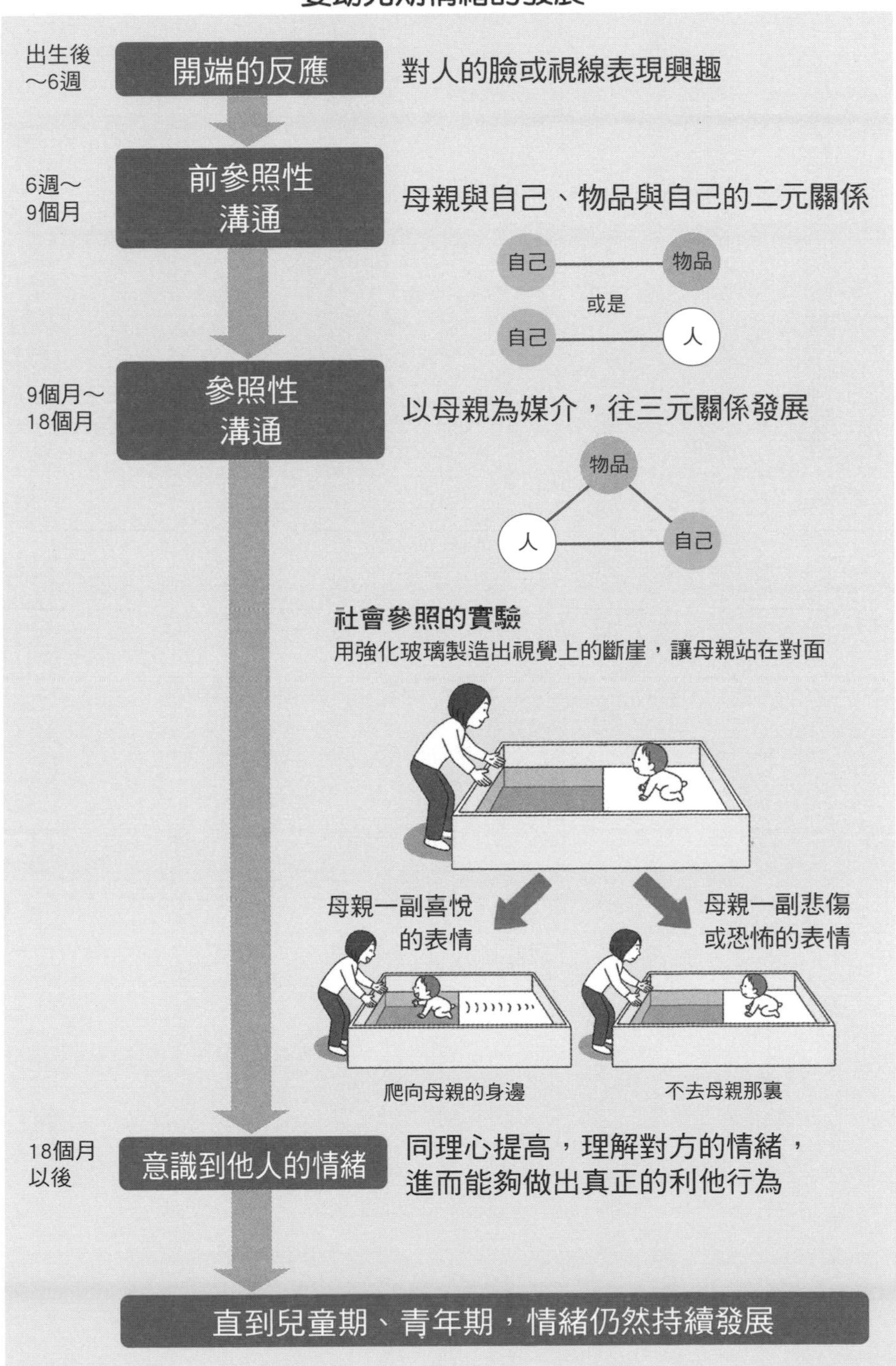
出生後
～6週
開端的反應
對人的臉或視線表現興趣
6週～
9個月
前參照性
溝通
母親與自己、物品與自己的二元關係
自己
物品
或是
自己
人
9個月～
18個月
參照性
溝通
以母親為媒介，往三元關係發展
物品
人
自己
社會參照的實驗
用強化玻璃製造出視覺上的斷崖，讓母親站在對面
母親一副喜悅
的表情
母親一副悲傷
或恐怖的表情
爬向母親的身邊
不去母親那裏
18個月
以後
意識到他人的情緒
同理心提高，理解對方的情緒，
進而能夠做出真正的利他行為
直到兒童期、青年期，情緒仍然持續發展

⑧從遊戲之中被創造出來的社會性

小孩的遊戲與發展階段

就小孩而言，「遊戲即工作」。遊戲促使身體、心靈發展，也拓展人際關係以進行重要的社會化。

小孩透過遊戲學習各種能力，從運動能力到創造性、社會性、知的能力都有。

而且，由於遊戲本身會隨著成長而變化，於是皮亞傑（Jean Piaget）依發展階段，將遊戲分為三種。第1階段為**功能性遊戲**，是到2歲左右為止的遊戲。雖然是無目的動動手腳，但這也算遊戲，所以將東西放進嘴裡或投擲出去都是遊戲的一種。第2階段是2歲到7歲左右出現的**象徵性遊戲**。例如利用想像力來玩的模仿或模擬遊戲，基本上是一人遊戲。第3階段是所謂的**規則性遊戲**，被認為是7歲以上的遊戲。從體育活動到捉迷藏或躲貓貓，都是遵從規則的2人以上遊戲。

另外，派登（Mildred Parten）著眼小孩和小孩之間的關係，從社會觀點將遊戲加以分類，有：**無所事事型遊戲**（什麼也不做、發呆）到**一人遊戲**、**旁觀者遊戲**（觀看他人遊戲而樂在其中）、**並行遊戲**（多人同時進行一人遊戲）、**聯合遊戲**（與別的小孩一起玩）、**協力遊戲**（分派任務）。而在2、3歲前大多是「一人遊戲」或「旁觀者遊戲」，一到4、5歲，「聯合遊戲」與「協力遊戲」就會驟增。

嬰幼兒的遊戲與發展階段

皮亞傑的遊戲發展階段

①功能性遊戲（2歲之前）

無特別目的，動動手腳或將東西含在嘴裡，這樣也是遊戲。

②象徵性遊戲（2～7歲）

扮家家酒等模仿與想像的遊戲。

③規則性遊戲（7歲～）

捉迷藏、躲貓貓、體育活動或比賽等2人以上且伴隨著規則的遊戲。

派登的遊戲分類

①無所事事型遊戲（2～3歲左右）	若沒有能惹起興趣的東西，不會有什麼特別的動作，發呆。
②一人遊戲（2歲半左右）	即使有別的小孩在身邊，也不會一起玩，而是自己一人玩遊戲。
③旁觀者遊戲（2歲半～3歲左右）	光看著別的小孩遊戲的樣子。即使與四周的小孩搭上話，也不想參加遊戲。
④並行遊戲	每個小孩都熱衷於自己的遊戲，對在附近玩耍的其他小孩，彼此不感興趣。
⑤聯合遊戲（4～5歲）	會與別的小孩一起玩耍。雖然有伙伴意識，但尚無集團內的任務分派。
⑥協力遊戲（5歲以上）	帶有目的意識或任務分派的組織化遊戲。

⑨因就讀小學而改變的生活

學校生活的開始與小一問題

到了學齡期，便要上小學，開始與以往不同的學校生活。在接觸新的人事物之中進行學習與社會化。

到了6歲，迎接**兒童期**（學齡期）的小孩們一旦上小學，就會從以家庭或遊戲為中心的生活，轉變為以學校為中心的生活。

這也是智力顯著發展、透過集體生活社會化的時期。

因此，在學校生活中上各門課、擴展知識興趣的同時，學習團體規則及習慣、與老師或朋友建立良好關係，就成為課題之一。

多數小孩起初會感到迷惘，但不久也就適應了新的學校生活，而在接觸新的人事物之中建立自我。

然而，近年流行「小一問題」這個詞。在小一的班級裡，學生隨意起立走動、吵鬧、不聽從指示等妨礙上課的例子不斷增加。有人指出，小一問題肇因於幼兒園較和緩的團體規範與小學團體規範之間的差異，於是幼兒園與小學之間也開始進行配合與改變。

此外，**學習障礙**兒童的教育支援不足，導師管理方式缺乏柔軟性，也容易引起學生反彈，造成班級崩壞。

學校生活的開始與小一問題

在學校生活中的課題

上小學後，生活重心從家庭、遊戲轉向學校

所謂小一問題

無法從順利從托兒所／幼稚園生活轉換到小學生活的小孩很多，學生隨意起立走動、吵鬧、不聽從指示等妨礙上課的例子不斷增加。

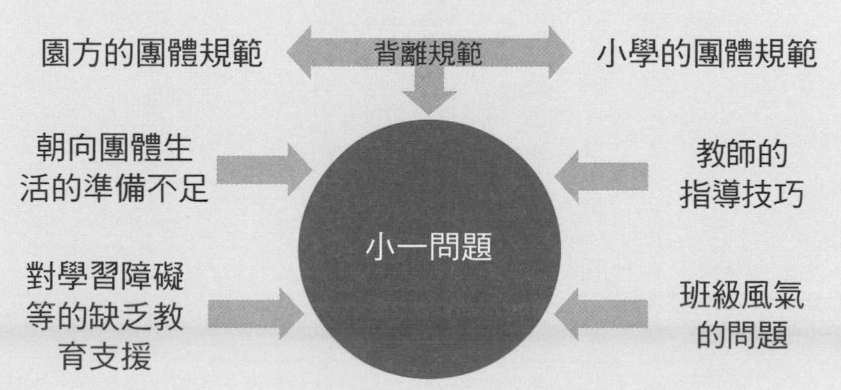

心理的成長

⑩思考能力發展的兒童期

皮亞傑的認知發展階段

皮亞傑將兒童思考的發展分為四階段，當現有的知識結構無法解讀時，就會調適結構本身，這就是思考的發展過程。

兒童的思考是怎麼發展的呢？在遊戲的發展階段（162頁）提到的皮亞傑，將**思考的發展**分為四個階段。首先是出生至2歲左右的**感覺運動期**，為使用言語或象徵思考的前一個階段，兒童利用視覺、觸覺、舔舐等感覺器官認識周遭的世界。

接著到了2～7歲的**心智運思前期**，兒童可以使用語言或象徵做具體的思考，即使母親離席、消失不見，也不會哭泣。儘管如此，此階段的兒童會被表象所騙，看到等量的液體移入細長的杯子中，就以為容量也會增加。

但是，一到7～12歲的**具體運思期**，便不會被表象左右，而能了解水有一定的量並進行邏輯性思考。此外，這時期的兒童也能夠將事物分類加以理解。接著，12歲之後進入**形式運思期**，不囿於具象事物，能夠操作抽象的概念加以思考。

皮亞傑認為，思考的發展是小孩與環境相互影響而發展起來的，其發展模式就是重複同化與調適兩種歷程。**同化**是根據現有的知識結構（基模）理解新經驗；**調適**則是當現有知識基模無法解讀新經驗時，就會改變本身的結構。

思考階段的發展

皮亞傑的思考發展階段

①感覺運動期（0～2歲）

以手腳或嘴觸摸東西而認識外面的世界

- 感覺與運動結合
- 在反覆試行錯誤中達成簡單的目的，因此萌生驅動物體的智能

②心智運思前期（2～7歲）

如上圖，換水時，無法理解「只有容器改變，水量不變」

- 能夠運用想像力來思考。例如；模仿遊戲
- 思考是自我中心的，無法理解他人的觀點
- 無法理解物體的存續、缺乏可逆性思考，被表象所騙（右圖）

③具體運思期（7～12歲）

即使盛水的容器形狀、外觀、大小改變，也能夠理解水量本身並沒有變化

- 可以理解物體的存續、具備可逆性思考、能夠做邏輯性思考（右圖）
- 擺脫自我中心，能夠理解他人的觀點
- 能夠將事物分類加以理解（蜻蜓、獨角仙、蝴蝶➔全部歸類為「昆蟲」）

④形式運思期（12歲～）

- 能夠進行抽象思考或假設性的演繹思考

能夠進行高度且抽象的思考

⑪ 黨群期的社會化歷程

從小學三年級到中學入學之前的時期

小學生一到高年級，便以堅固的伙伴意識，逐漸結合形成團體。人在這種團體之中學習規範與責任感。

在小學度過6年的兒童期（學齡期），是社會化的重要時期。

學校變成兒童的生活重心，與朋友的關係比雙親還要緊密，一旦邁入8～11歲左右，即會自發地與同年齡、同性別的伙伴組成群體。這種成員在4～8人左右，由一群意氣相投的人組成的封閉小團體，就叫作**黨群**（幫團），而這時期為**黨群期**（gang age）。「黨群」的特徵，首要為伙伴之間的高度忠誠與共鳴，並且團體內有自己的規則，相對於別的集團來說是封閉的。此外，團體內有位階與任務分派，擁有共同目的與價值。

堅固的伙伴意識，以及獨自的規則和目標，會強化團體的歸屬意識，一旦違反規則就會被排擠或被霸凌，造成許多危害。

但是，隸屬於黨群的兒童可以在家庭或學校之外獲得社會化與溝通能力，並且學習如何達成團體內的任務或責任，以及透過合作完成目標。

不過，最近由於少子化或上補習班等緣故，在沒有黨群經驗下長大成人的情況正在增加中。

黨群的形成與特徵

出現在8～11歲左右學齡期的團體，由4～8名同年齡、同性別兒童形成，是非常緊密且封閉的團體

團體內有位階與任務 → 學習任務分擔與責任

伙伴間有高度忠誠與共鳴 → 獲得社會化

擁有共同目的與價值觀 → 努力實現目標

團體內有自己的規則 → 鍛鍊溝通能力

相對別的團體來說是封閉的 → 引起排擠或霸凌

堅固的伙伴意識與獨自規則或目的，對團體的歸屬意識強烈

雖然可以促使社會化以及從雙親的保護中獨立，但一旦違反規則，也會造成排擠或霸凌

心理的成長

⑫第二性徵與自我探索

渡過自我統合危機

雖然身體在國中入學前後急速地往成人變化，但內心對其變化才開始覺得困惑。青少年期就是渡過自我統合危機、摸索自己的時期。

在心理學上，將12歲左右，也就是國中以後，界定為**青少年期**。因為從小學高年級到國中一年級，身體上會出現劇烈變化，在心理上也會遭受重大影響。

男性長出鬍鬚，變聲，不久會初次射精。女性乳房或臀部膨脹，開始迎接初次月經。明明昨日還是小孩，今日卻產生急遽身體變化，這樣的**第二性徵**讓青少年既有的自我印象大為動搖。甚至，連社會地位與環境也隨著國中入學而產生變化。突然，周遭的人把自己當作大人看待。

陷入**自我統合危機**（identity crisis）的青少年會被逼得必須重新定位自己到底是什麼。

而埃里克森（148頁）指出青少年期的發展任務，正是達成**自我統合**。馬西亞（J. Marcia）採用他的概念，依據青少年有無**危機**（crisis）經驗、是否**積極投入**（commitment），將他們的統合狀態區分成「迷失型」「早閉型」「未定型」「定向型」等四種（參照左圖）。

第二性徵與統合危機

自我統合的確立過程

第二性徵

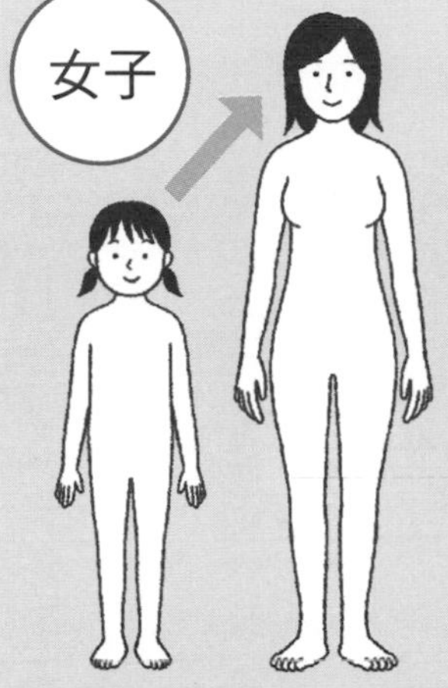

急遽的身體變化

自我印象的變化
社會地位的變化
他人反應的變化

「既存的自我印象」
產生動搖

重新定位
「自己」

第二性徵

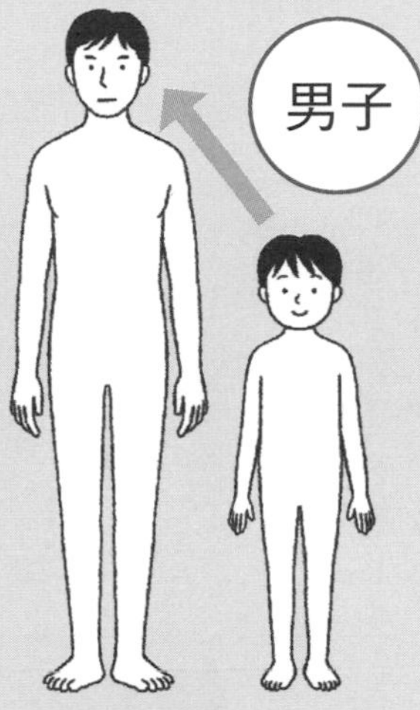

・乳房或腰部產生曲線，身體線條圓潤
・首次月經、恥毛

・肌肉發達，身體變健壯
・初精、恥毛

馬西亞自我統合的四種狀態

依據青少年有無危機（crisis）經驗、是否積極投入（commitment）自己想參與的事務，分為四種統合狀態

迷失型	早閉型	未定型	定向型
尚未找到解決統合問題的方向。有的人有危機經驗、有的人沒有。	沒有危機。順從並接受他人的價值觀，如繼承家業。	處於非常的危機時刻，有很多選擇，但陷入難以決定的迷惘狀態。	經歷危機而獲得堅強的自我統合狀態。
●危機經驗有無 ●積極投入（無）	●危機經驗（無） ●積極投入（有）	●危機經驗（有） ●積極投入（無）	●危機經驗（有） ●積極投入（有）

⑬長大成人之後的心理成長

成人期的發展任務

從學校出社會後心理的發展並未結束。在成人期以後，還有各種發展階段與發展任務。

歷經摸索自我統合的青少年期，人從學校畢業，變成社會人士，開始**成人期**。此時心理發展並未結束，成人期中有就業、結婚、生子等豐富的生活變化，這時期有新的發展任務。

研究過成人期之發展的利文森（D.J. Levinson），認為在人的發展過程中，有生活型態穩定的**安定期**，也有生活型態改變的**過渡期**，兩者會交互出現。例如，人在17～22歲脫離對父母的依賴、開始就業，這是建立嶄新人際關係的「走向成人的過渡期」。其後，雖然進入大人的世界，度過20～30歲的安定期，但接著迎接「30歲的過渡期」，改變之前建立的生活型態，開始準備組織家庭。接著，一家子度過安定期，但一到40歲，就要迎接「人生過半的過渡期」，在回顧前半段人生的同時，也要培養下一個世代了。

另一方面，職業發展心理學家舒柏（D.E. Super）將發展階段分為「成長」「試探」「建立」「保持」「衰退」5個階段，而人以家庭、學校、職場為舞台，一人分飾「市民」「家庭人」等8個角色（左圖）。要分配多少時間給各個角色，以及如何達到生活平衡，便成了重要的事。

成人期的發展任務

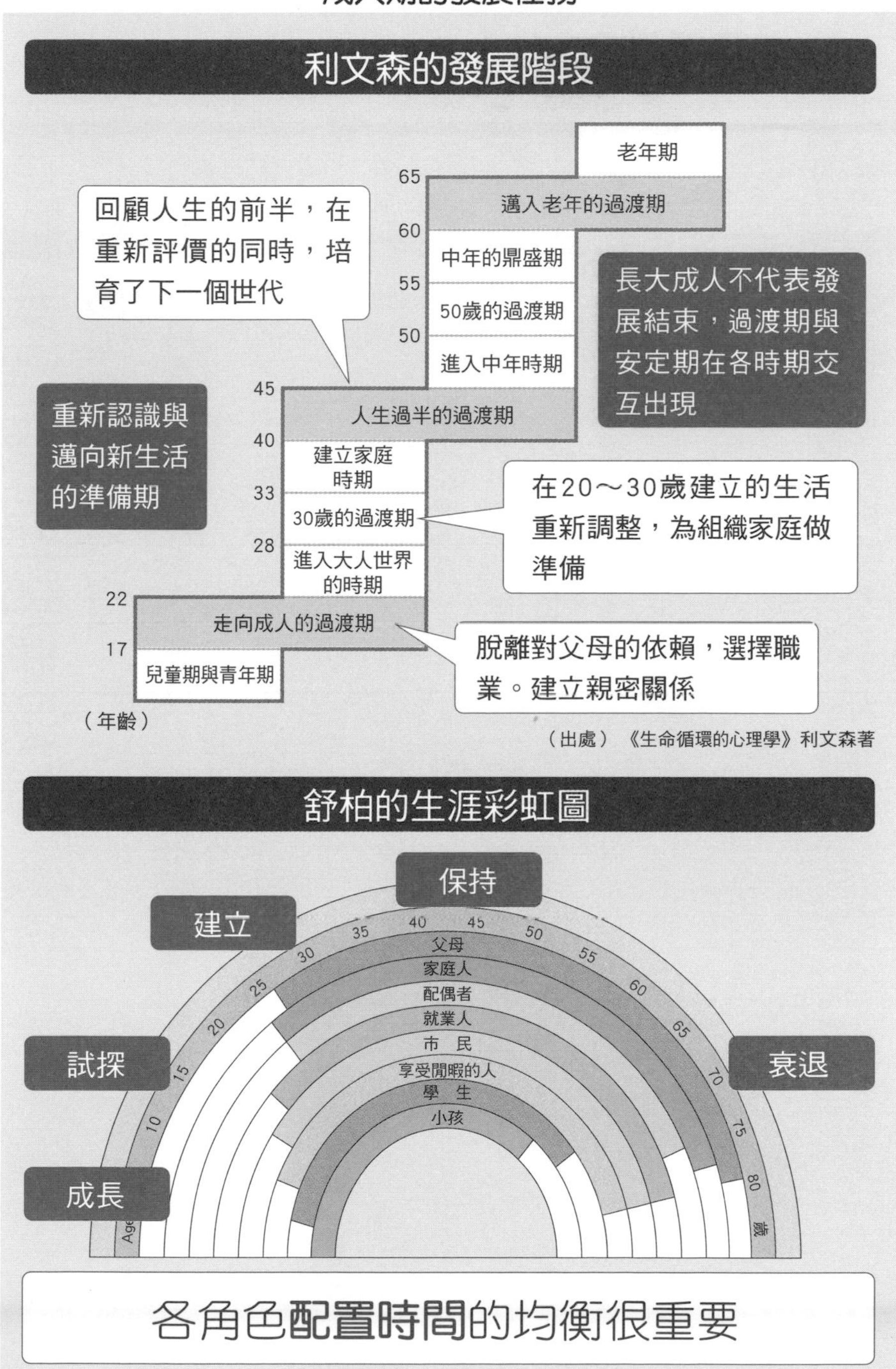
利文森的發展階段
老年期
65
邁入老年的過渡期
60
中年的鼎盛期
55
50歲的過渡期
50
進入中年時期
45
人生過半的過渡期
40
建立家庭時期
33
30歲的過渡期
28
進入大人世界的時期
22
走向成人的過渡期
17
兒童期與青年期
（年齡）
回顧人生的前半，在重新評價的同時，培育了下一個世代
長大成人不代表發展結束，過渡期與安定期在各時期交互出現
重新認識與邁向新生活的準備期
在20～30歲建立的生活重新調整，為組織家庭做準備
脫離對父母的依賴，選擇職業。建立親密關係
（出處）《生命循環的心理學》利文森著
舒柏的生涯彩虹圖
保持
建立
試探
衰退
成長
Age 10 15 20 25 30 35 40 45 50 55 60 65 70 75 80 歲
父母
家庭人
配偶者
就業人
市 民
享受閒暇的人
學 生
小孩
各角色配置時間的均衡很重要

心理的成長

⑭職業選擇與配偶選擇

青少年期延後的兩項選擇

由於高學歷化與就業困難，青少年期變長了，這些年輕的就業難民也成了結婚難民。

以往認為青少年期在20歲前半的畢業、就業之後結束，然後成為社會人士，進入成人期。埃里克森援用經濟學用語「moratorium」（延遲付款）的概念，認為青少年期是出社會前的準備期，青年在修完基本學業之前，延遲了社會責任與義務，這稱作**心理社會性延遲**（psychosocial moratorium）。

但是，現在隨著高學歷化，處於就業冰河期的就業難民、打工族、繭居族、啃老族等持續增加，導致20多歲的未就業者或無正職者急遽增加。結果，延期的期間變長了，而現代發展心理學則將青少年期的結尾設定於30歲前後。

甚至，以往的人進入成人期後，會獨立自主為組織家庭做準備，然後在20～30歲找到配偶成家是普遍狀況。不過，在未就業者與非正規雇用的增加之中，經濟弱勢的青年變成依賴父母的單身寄生族，結婚難民增多了。

這不僅是經濟困難所造成，無法達成自我統合的人變多也是原因之一。我們一定要在經歷摸索自我之道的糾葛之後，堅定內心去愛人。

被延遲的職業選擇與配偶選擇

青少年期的延長與延遲期間的長期化

以前

青少年期

1 職業的選擇

就業同時（20歲年代前半）青少年期結束

壯年期

2 配偶的選擇

建立自身家庭

現在

青少年期

1 職業的選擇

因高學歷化使得
延遲期間延長

2 配偶的選擇

晚婚化致使
青少年期延至30歲！？

①就業冰河期造成的就業難民

②晚婚、不婚與結婚難民

③就業難民、結婚難民的愈來愈依賴父母

UEKI's POINT

這不僅是經濟困難所造成，無法達成自我統合的人變多也是青少年期延長的原因之一。我們一定要在經歷摸索自我之道的糾葛之後，堅定內心去愛人。

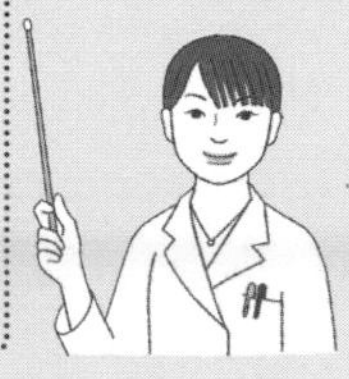

心理的成長

⑮ 襲擊中年的各種危機

發生於「人生的正午」的危機

人生中最精華、生產力最旺盛時期的中年，也是剛過人生折返點的時期。從這時起中年危機正悄悄到來。

榮格（26頁）曾經以太陽的運行作比喻，將40歲前後稱為**人生的正午**。就如同正午之後，陽光與影子的方向反轉，價值觀也會從受光面轉向被背光面。利文森（172頁）也將40歲前後視為「人生過半的過渡期」，指出這是重新評價前半生的時機。

兩者都是強烈意識到人生折返點的概念。實際上，40歲左右的人，好的一面是生產力旺盛、在職場與社會中擔任中流砥柱；壞的一面則是容易陷入各種**中年危機**。

例如，身體上的變化有體力衰退，以及出現白髮與皺紋等初老徵兆。更年期障礙與性機能低下也是從中年期開始。此外，在職場也起變化。跟不上新的技術與職能、還有晉升與調職，不管好壞都成為壓力。有的人小孩參加考試或自立，也有的人開始照護雙親。愈是忙於工作的人，與家人愈沒有交集。

因此有人會出現排斥上班、拒絕回家、失眠、頭痛、拉肚子等症狀，女性則是會有**空巢症候群**，即在小孩離家自立後感到空虛，甚至併發憂鬱症或自殺。就如同榮格或利文森所說，這時期有必重新檢視人生、轉換價值觀，摸索新的自我統合。

中年危機

新的自我統合的建構不可欠缺

- 中年是生產力旺盛的時期
- 在職場與社會中擔任中流砥柱
- 人生前場與後場的折返點
- 榮格將40歲前後比喻成太陽的運行，稱為「人生的正午」
- 在埃里克森的8階段說中，為30歲後半至60歲前半，相當於成人後期

中年期的危機

由於種種的變化，中年容易陷入心理的危機

身體的變化

- 體力衰弱
- 容貌老化
- 疾病的發作
- 更年期障礙
- 性機能低下

家族關係的變化

- 孩子的自立
- 親職角色的減少
- 照護父母
- 夫婦間的無交集

職場上的變化

- 晉升或挫折等工作上的變化
- 對新技術或職能上的適應。
- 認知到工作上的極限

思考或想法的變化

- 對新事務無法立即因應
- 想法變得保守
- 變得無法做軟性思考
- 固執於過去的成功經驗

排斥上班、拒絕回家、失眠、頭痛、拉肚子、憂鬱症、自殺、空巢症候群

↓

新的**自我統合的建構**不可欠缺

心理的成長

⑯為了使老年期活得豐富多彩

還有發展可能的老年期

「成功老化」是變老的正面說法。

這是因為退休後的壽命會愈來愈長，而幸福會隨著年齡累加。

現在，在高齡化社會的進展中，對於老年的看法也起變化，例如**成功老化**（successful aging）的概念。**aging**並非衰老退化，而是有更積極的意思，也就是一面覺得生活有意義，一面隨著年歲累加幸福。

生涯發展心理學的觀點，也不認為變老就是衰退，反而認為人在死亡之前都還會發展。實際上，由於年齡增加，雖然學習新事物、比賽競速等的**流質智力**下滑，但由經驗知識累積而成的**晶體智力**卻是會隨著年歲持續增長。

不過，二〇一二年的日本人平均壽命，女性是86.41歲，男性是79.94歲。若以60歲為退休年齡，60歲之後剩下的時間就幾乎等於一個人長大成大人的時間。

那麼，退休後要怎麼活得幸福呢。有三個理論。第一是**活動理論**：退休後為了不失去生活目標，要找出代替工作的活動過日子。第二是是**撤退理論**：私人時間才是幸福，所以要減少社會性活動。第三是**繼續理論**：即使退休也不改變至今所培養的生活習慣與行為模式，照舊過日子。

成功老化

即使年速增長也不會衰退的晶體智力

兩種智能

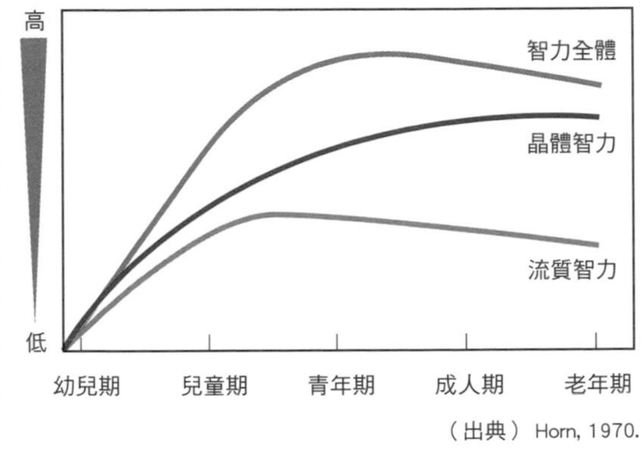

（出典） Horn, 1970.

晶體智力

長年培養的經驗或知識所保證的能力

流質智力

從頭開始記住新事物、不被經驗左右的能力

流質智力會在青少年期以後持續下滑，但晶體智力隨著年歲增長仍有持續增長的餘地。

幸福老年的三種理論

幸福老年的三種理論互相對照

活動理論

進行的活動應該與現役時期相同。繼續工作，在之中找到樂趣。

撤退理論

把私人時間看得比社會活動還要重要，才有高昂的主觀幸福感。

繼續理論

希望退休後生活習慣也沒有大改變。

心理的成長

⑰人能夠接受死亡嗎？

享受死亡與臨終照護

在老年期，健康沒了、地位沒了、親友沒了，最後連自己生命也喪失了。但是心念一轉，老年期也可以是一個圓滿的時代。

在某個意義上，老年期可以說是一個「喪失」的時期吧。

因疾病與年老而喪失健康與青春；退休後喪失社會立足點；家人親友一個又一個死去。

但是反過來想，這不也是人生的圓滿期嗎？喪失青春健康而無法外出走動，但也許可以閱讀小說或拿筆畫畫，獲得新的生活意義。喪失社會地位，但也許因而獲得充實的個人自由時間。家人親友的死亡雖然悲傷，但必定會有新的人際關係產生。也就是說，擁有主體性的生活方式能將喪失轉為圓滿。不過，前提是要有老年期的社會援助才行。

話說回來，喪失的真義，就是在老年的最後時刻有個人生最大的喪失在等著我們。那就是**自己的死亡**。雖然人在老年時期接受親友家人死亡的同時，也不得不體認到自己死期將近，但就是難以接受。羅斯提出人從面臨死亡到接受死亡可分為5個階段過程（左圖）。要能享受死亡，周遭的**臨終照護**（末期照護）可說是極為重要。

喪失與接受死亡

將喪失的時代轉變為圓滿的時代

喪失的時代

1 健康、青春的喪失
2 社會立足點的喪失
3 家族、親友的喪失

→ 老年期的社會援助也很重要

人生的圓融期

1 新生存意義的獲得
2 自由時間的獲得
3 新人際關係的獲得

享受死亡與臨終照護

羅斯提出人從面臨死亡到接受死亡可分為5個階段過程

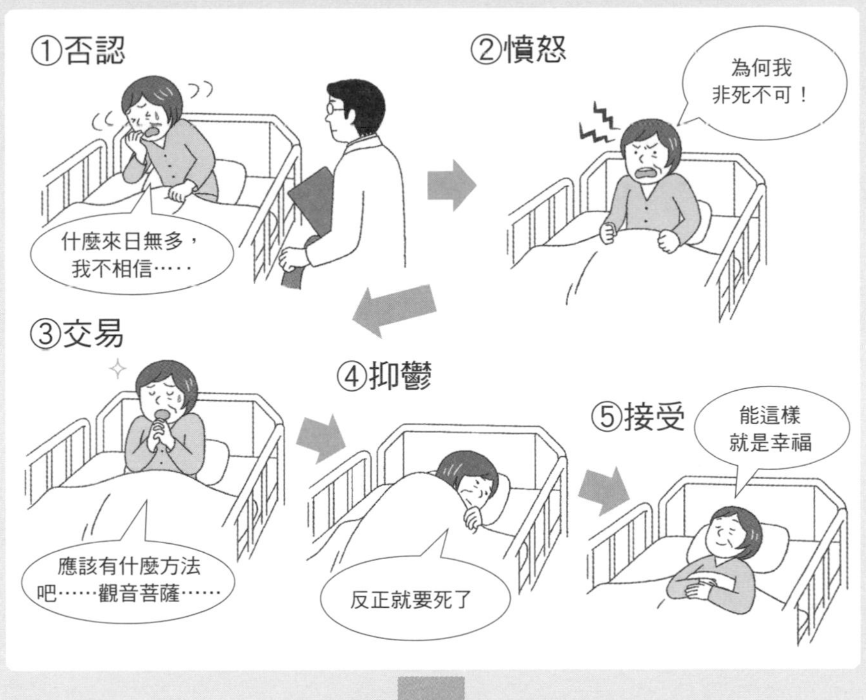

①否認
什麼來日無多，我不相信⋯⋯
②憤怒
為何我非死不可！
③交易
應該有什麼方法吧⋯⋯觀音菩薩⋯⋯
④抑鬱
反正就要死了
⑤接受
能這樣就是幸福

對臨終者的心理關懷與**臨終照護**是必要的

Column

5

霸凌「不是為了他人」!?霸凌者自己也會遭遇不幸

日本有句諺語「有情不是為了他人」，意思是「對別人親切，說來說去還是為了自己」。這在心理學上也有幾分道理。

為什麼呢？因為對人親切會讓自己覺得「可以幫助別人的我也不錯嘛」。自己認同自己，覺得自己無可取代，這就是「自我肯定感」。「自我肯定感」提升的結果，人會覺得「我很幸福」，用心理學來說就是感到「欣快感」（euphoria）。實際上，喜歡照顧人的人多為正向又有元氣的幸福者。「照顧他人」會與自我肯定感產生連結，人因此覺得自己有價值而感到幸福。

那麼「無情」的人呢？欺負別人、無視他人困難者無法愛自己，這讓他們覺得活著本身就很空虛。實際上我就認識這樣的人物。只有面對親密好友，他才偶爾表現出和氣的態度，但是對於外人卻是滿肚子惡意，敵視對方到底。而且他還割腕了好幾次。這是因為，「敵視他人」與「敵視自己」之間產生了連結。霸凌會讓小孩變得有點討厭自己，最後深深地傷了自己。

「順應助人天性，親切地對待別人」其實是一種為自己而做的行為。

Part 6

所謂的性格是什麼呢？
人格與性格的心理學

①解讀人格

研究性格的人格心理學

「性格心理學」或「人格心理學」研究「性格」「人格」「氣質」，從中區分出不同的形態並針對特徵加以量化。

在人與人的關係上，特別被重視的就是「性格」，這可從「找對象要看個性好不好」「因為個性不合而分手」等說法看出端倪。

那麼，所謂的性格究竟是什麼呢？在心理學上，**性格**是character，原意為「被刻上的印記」，先天的意象較強烈，主要為歐洲的研究者所使用。

另一方面，與「性格」幾乎同義的語彙有「人格」。**人格**即personality，語源為persona（面具），後天的意象較強烈，主要為美國的研究者所使用。

此外，和此二者有近似概念的是**氣質**。氣質為個人感受刺激時情緒反應的特徵，是性格的基礎。氣質是與生俱來的。

研究「性格」、「人格」、「氣質」的心理學，被稱為「性格心理學」或「人格心理學」，其內容大同小異。

針對性格，有兩種研究方法：將性格分類的**類型論**，以及將構成性格的幾個特性數量化的**特質論**。詳細請參照下頁。

研究個性的心理學與兩個研究方法

研究性格・人格・氣質的心理學

性格（character）

語源：被刻上的印記

- 與生俱來（天生）被刻印的特質，不易改變的意象強烈
- 主要使用於歐洲

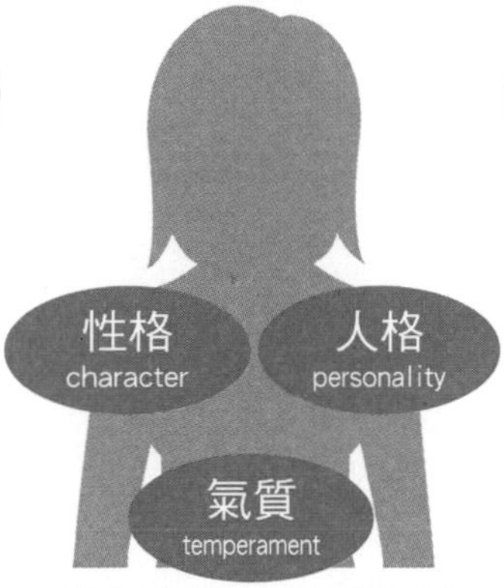

人格（personality）

語源：面具（persona）

- 社會化所獲得的特質，會因狀況而改變任務，可改變的意象強烈
- 主要使用於美國

性格 character
人格 personality
氣質 temperament

氣質（temperament）

語源：調和、調節

- 個人感受刺激時情緒反應的特徵，是性格的基礎。氣質是與生俱來的

↓

研究性格或人格的心理學

↓

性格心理學＝人格心理學＝personality psychology

類型論與特質論

依一定的基準將性格分門別類 → **類型論**

克雷奇默的類型論 P186頁
榮格的類型論 P188頁
施普朗格的類型論 P190頁

⇔

將構成性格的幾個特性量化 → **特質論**

奧爾波特的特質論 P192頁
艾森克的特質論 P194頁
五大人格特質理論 P194頁

②將性格按照類型分類的類型論1

克雷奇默的體格與性格三類型

將性格分類的類型論代表，就是克雷奇默的氣質類型論。肥胖型、纖瘦型、健壯型的體格，有各自對應的心理疾病。

豐滿的人看起來似乎落落大方又會交際，而瘦弱的人看起來好像神經質且靦腆。建立體格與性格之間關係的學者，就是德國的精神醫學專家克雷奇默（Ernst Kretschmer）。

他在一九二一年著作《體格與性格》，指出兩種精神疾病（躁鬱症與精神分裂症）與患者的體型有一定的連帶關係，因此將人格與體型之間的關係類型化。後來，加上癲癇患者的人格傾向與體型，展開三種氣質的類型論。

根據克雷奇默的分類，**肥胖型**具有**躁鬱氣質**，他們外向、親切、落落大方，但是交雜著躁（情緒高張）與鬱（煩悶）。

再者，**纖瘦型**具有**精神分裂氣質**，他們內向不擅交際，纖細的另一面是無法感受周遭氣氛的遲鈍。而**健壯型**具有**執著氣質**，他們一絲不苟又認真踏實，但卻缺乏柔軟性且頑固，有時還會表現激動。

此外，克雷奇默也以天才研究聞名，在著作《天才的心理學》舉例，認為歌德（Johann Wolfgang Goethe）是「躁鬱氣質」天才，萊布尼茲（Gottfried Wilhelm Leibniz）與荷爾德林（Friedrich Hölderlin）是「分裂氣質」天才，黑格爾（Georg Wilhelm Friedrich Hegel）是「執著氣質」天才。

克雷奇默的類型論

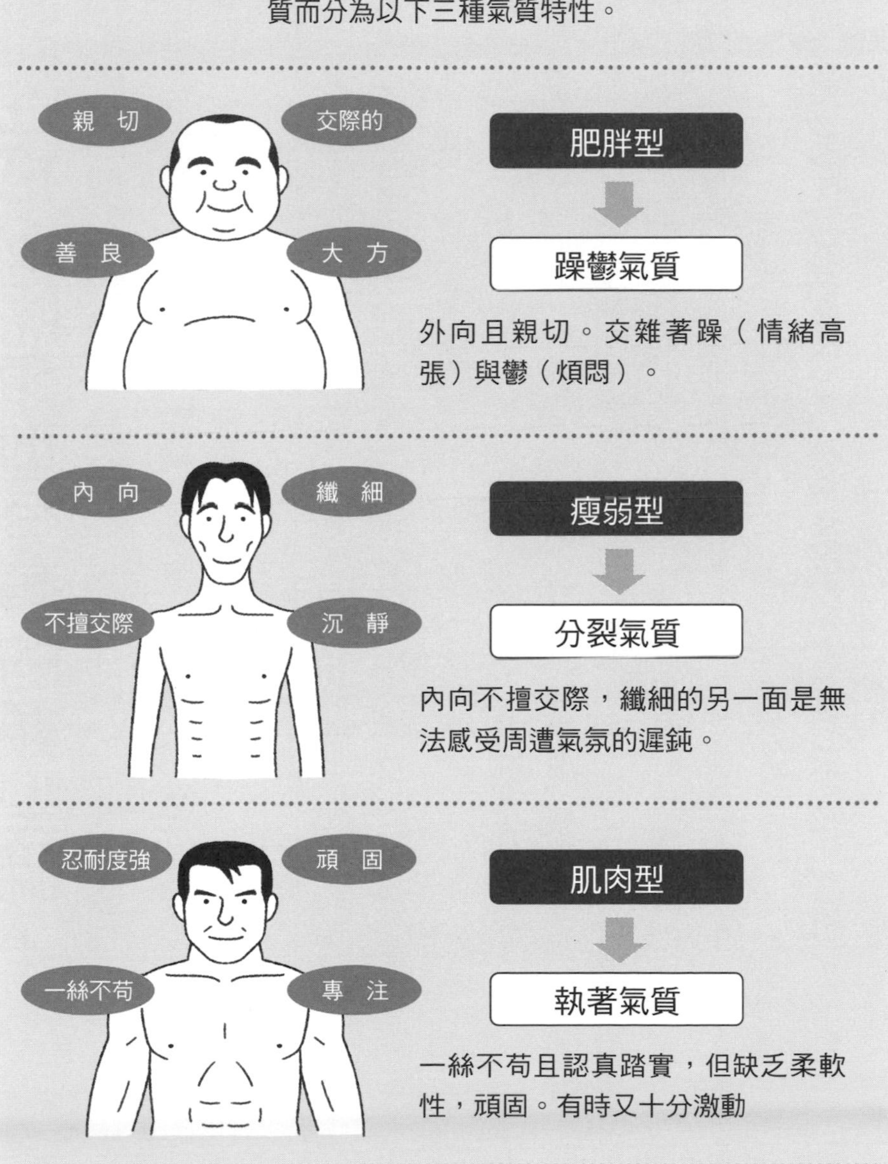
克雷奇默建立了體格與氣質的關係
德國的精神醫學專家克雷奇默1921年著作《體格與性格》一書，提出體格與性格二者有一定的連帶關係。後來加上執著氣質而分為以下三種氣質特性。
親 切
交際的
善 良
大 方
肥胖型
躁鬱氣質
外向且親切。交雜著躁（情緒高張）與鬱（煩悶）。
內 向
纖 細
不擅交際
沉 靜
瘦弱型
分裂氣質
內向不擅交際，纖細的另一面是無法感受周遭氣氛的遲鈍。
忍耐度強
頑 固
一絲不苟
專 注
肌肉型
執著氣質
一絲不苟且認真踏實，但缺乏柔軟性，頑固。有時又十分激動

③將性格按照類型分類的類型論2

榮格的內向型與外向型分類

榮格將人格大致區分為內向型、外向型，並搭配以「思考」「感情」「感覺」「直感」等四種心理機能後，再分為八種類型。

榮格（26頁）的人格類型論，分為**外向型**與**內向型**。

榮格將人格分為外向型與內向型，人的興趣或關心（力比多的活動）若傾向自身以外發展，就是外向型，若傾向內部發展，就是內向型。

有一點常被誤解，外向型不一定就是積極且擅於交際，內向型不一定就是靦腆且不擅交際。榮格認為，內外向的差別在於自身的關心朝向外部還是朝向內側，即做決定的判斷基準是取決於他人還是在於自己。例如，因為大家都在玩某種遊戲，所以自己也要玩，就是外向型；即使大家都在玩，自己不想玩就不跟著玩，就是內向型。就結果來說，外向型容易變得擅於交際；內向型容易變得不擅交際。

榮格認為，無論外向型或內向型的人，都有四種人類最突出的心理機能「**思考**」「**感情**」「**感覺**」「**直覺**」，依此可分為八種類型（左圖）。例如，外向思考型的人具有常識，會基於客觀事實做思考；內向思考型的人則不受他人影響，主觀性強，擅於理論且經常懷疑。

榮格的類型論

（內向型・外向型）X四種心理機能

榮格（1861～1875）

榮格將兩種人格傾向（內向型、外向型）與四種心理機能進行搭配，提出了八種人格類型。

×

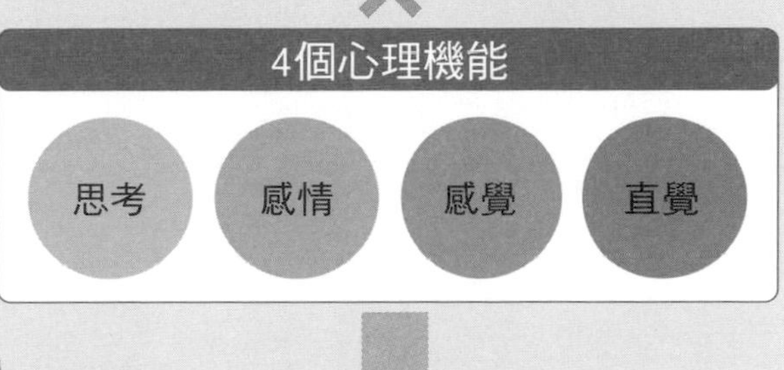

UEKI's POINT

人的關心方向（外向／內向）與心理機能搭配，分為八個類型。

關心的方向／心理機能	外向型	內向型
思考	外向思考類型 具有常識， 基於客觀事實做思考	內向思考類型 不受他人的影響， 重視主觀，理論的，懷疑的
感情	外向感情類型 協調的，重視人際關係， 不會深切思考事物	內向感情類型 靦腆且感受性強烈， 十分重視自己的感情
感覺	外向感覺類型 保有現實的對應能力， 保守的，享樂的	內向感覺類型 具備集中力， 能獲取事物核心的感受
直覺	外向直覺類型 有獨特的創意， 追求新的可能性	內向直覺類型 重視直覺， 極其有個性的藝術家類型

④將性格按照類型分類的類型論3

施普朗格依據價值分類人格

施普朗格依據人最重視的事物來分類人格。他認為金錢或權力、宗教或美的價值等人的價值觀會反映在人格上，這是一種理念的分類。

人的價值觀與生活方式，兩者之間有極深的關係，在某種意義上，價值觀可說是決定了人生。德國心理學家施普朗格（Eduard Spranger）認為人格的型塑也是來自於價值觀或興趣，將人格分為六種不同的類型，對應六種「生活類型」，重視權力、宗教、美的價值等六種價值觀。

其一是**理論型**（theoretical type），討厭不合理的事情，在客觀且合乎邏輯的言行中找到價值，傾注熱情於追求真理。**經濟型**（economic type）重視功利的價值，根據利弊做判斷。**審美型**（aesthetic type）重視美的價值，是在乎東西美不美的藝術家。**權力型**（political type）重視支配他人的價值，是追求權力的政治家。**宗教型**（religious type）相信神或神祕事物，重視宗教的價值，崇拜神聖，過著信仰生活。**社會型**（social type）關心社會福祉或社會貢獻，在社會服務中找到喜悅與價值。

在施普朗格的類型論中對理念性層面的探討多於反映現實，以社會或文化的角度探討人格時，有其意義存在。

施普朗格的類型論

從生活類型區分人格的類型論

施普朗格（1882～1963）

德國心理學者施普朗格認為，人的價值觀與興趣形塑了人格，根據「生活類型」提出六種類型。

類　型	特　　徵
理論型	討厭不合理的事情，傾注熱情於真理的追求
經濟型	以經濟的觀點優先，根據利弊判斷
審美型	保有藝術的感覺，重視美感判斷的藝術家
權力型	喜好支配他人，追求權力的政治家
宗教型	相信神或神祕事物，重視信仰生活的價值
社會型	關心社會福祉，獻身於社會服務

⑤以人格構成要素看特質論1

奧爾波特的特質論

「特質論」主張人格由一個一個的單位構成。「特質論」之父奧爾波特認為，特性由「個別特質」與「共通特質」所組成。

先前介紹過克雷奇默與榮格等**類型論**者。他們的分類在掌握人格整體樣貌上提供了便利方法，但其缺點是完全無視不在分類中的要素。

因此，將構成人格的各個要素一個一個找出來的主張，就是**特質論**。與類型論不同的是，特質論能在數量上掌握各要素，可以做微細的人格分析，但也有難以掌握整體的缺點。

此一特質論的提倡者就是奧爾波特，他將特質分為個人獨有的**獨有特質**（unique traits）與許多人都有的**共同特質**（common traits）。奧爾波特本人雖然重視「獨有特質」，但因為是個人特有的人格，只能從日記、信件記述之中分析掌握，無法與他人做比較，在客觀的研究者眼中顯得格格不入。

另一方面，「共同特質」因為是多數人所共有的，可用測驗計量，所以能夠量化比較。奧爾波特將視覺化的心理統計（psychographic）應用在研究之中，其後特質論的發展重心為可以量化比較的「共同特質」。

特質論與奧爾波特的學說

什麼是特質論

構成人格的要素＝根據特性能以數據掌握人格。

外向性
合作性
好奇心
情緒安定性
嚴謹性
獨斷獨行的社長

	類型論	特質論
優點	容易掌握人格的整體樣貌	能以數據掌握人格要素
缺點	忽視不在分類中的要素	難以掌握人格的整體樣貌

什麼是奧爾波特的特質論

「特質論」的提倡者奧爾波特將特質分為個人獨有的「獨有特質」與許多人都有的「共同特質」。他使用將特質視覺化的心理統計。

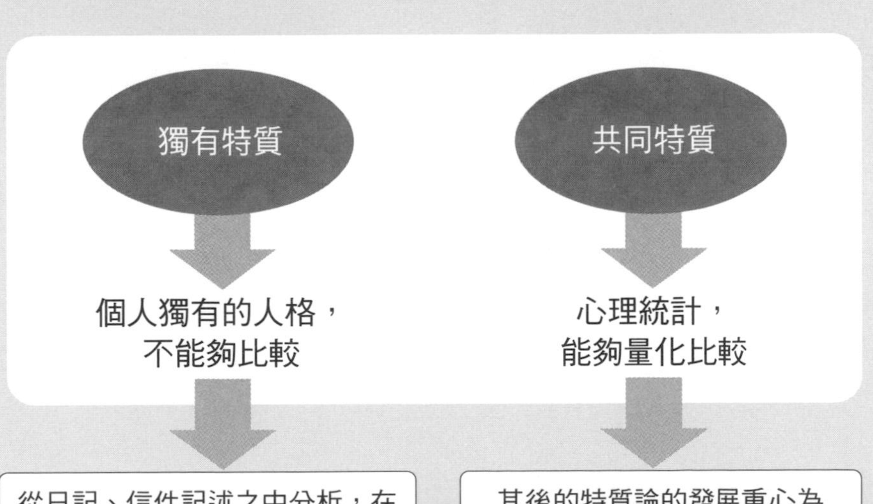
獨有特質
個人獨有的人格，
不能夠比較
從日記、信件記述之中分析，在客觀的研究者眼中顯得格格不入。
共同特質
心理統計，
能夠量化比較
其後的特質論的發展重心為能夠比較的「共同特質」。

⑥以人格構成要素看特質論2

艾森克的特質論與五大人格特質理論

以艾森克為代表的各種因素論者認為，人格特性由數個基本向度決定。但現在五大人格特質理論成為主流。

奧爾波特之後，研究特質論的心理學者，使用因素分析等的統計方法，試圖更客觀地將共同特性抽出來。

其中一人就是艾森克（Hans Eysenck），他進行臨床診斷、實驗、問卷法（202頁），分析各種數據，使用因素分析的統計方法，將人格分為**三個基本向度**。

三個向度是「內—外向」「神經質（穩定—不穩定）」「精神性（精神病性）」。之中只有「內—外向」與「神經質」兩個向度被其他學者確認有遺傳的傾向。

依據因素分析方法的不同，研究者對於基本向度的數量有各種不同的主張，像是艾森克主張有3個，卡泰爾（James Cattell）主張有16個。

但是在一九八〇年代，研究者整理分析字典中描述人格特質的語句，以及根據問卷法做因素分析，結果導出五個共通的因素。人格五因素模式成為現在的主流。這就是**五大人格特質理論**（Big Five model，左圖），人格可用「外向性」「神經質」「開放性（好奇心或獨創性）」「友善性」「嚴謹性」等五個基本向度表現。

根據因素分析的特質論

艾森克的三因子論

德國心理學者艾森克利用因素分析的統計方法，主張人格有三個基本的向度。

人格的三個基本向度

- 內——外向（extrovesion）
- 神經質（neuroticism）
- 精神性（psychiatry）

→ 被許多學者確認有遺傳的傾向。

五大人格特質理論

以五個基本向度表現人格特性的理論

外向性

有無積極的社交性？
榮格或艾森克也指出此傾向。

神經質性（情緒不安定性）

有無精神上的安定？
也是艾森克的三因素之一。

開放性（好奇心或獨創性）

對新的經驗能不能敞開心胸？
有無好奇心或積極性？

友善性

能不能為別人著想、配合周遭？

嚴謹性

是否認真守法、有無向上心？

⑦人格是遺傳還是環境造成？

遺傳與環境相互作用

人的人格從以前就被認為來自「遺傳」與「環境」。心理學則根據雙胞胎研究等方法，釐清了兩者的相互作用。

人格是受到**遺傳**影響，還是受到**環境**影響？這是從以前就有的激烈爭辯。

遺傳決定論支持人格生來就已決定的**先天說**，而環境決定論則支持人格由後天經驗決定的**後天說**。現在的主流論述則是遺傳與環境兩者都會影響人格形成的**相互作用說**。

研究遺傳／環境因素最有力的方法就是**雙胞胎研究法**。「雙胞胎研究法」將基因完全相同的同卵雙胞胎與養育環境幾乎一模一樣的異卵雙胞胎相比較，如果同卵雙胞胎比異卵雙胞胎有更高的相似性，就可以明白遺傳因素勝於環境因素。根據使用這種雙胞胎統計學實驗，前頁提過五大人格特質理論，人格特質的基本向度之中，「外向性」與「神經質」可以看到特別顯著的遺傳相似性。

附帶一提，雙胞胎統計方法在進入分子生物學時代之後一度式微，但隨著人類基因解碼完成、腦科學與演化心理學等急速發展，重要性反而增加，還成為大規模的跨學科的研究計畫。

人格是遺傳還是環境造成？

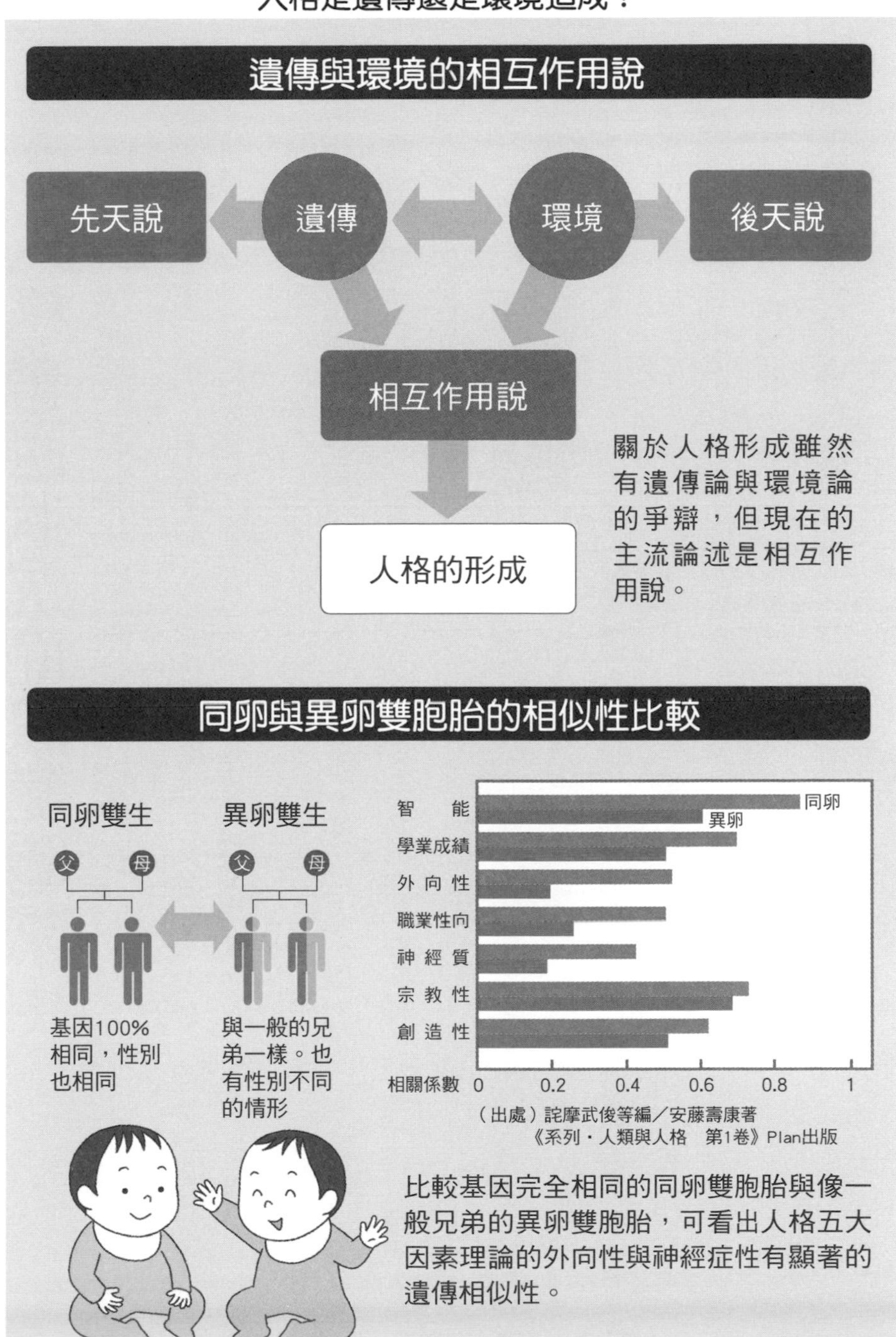
遺傳與環境的相互作用說
先天說
遺傳
環境
後天說
相互作用說
人格的形成
關於人格形成雖然有遺傳論與環境論的爭辯，但現在的主流論述是相互作用說。
同卵與異卵雙胞胎的相似性比較
同卵雙生
異卵雙生
父
母
父
母
基因100%相同，性別也相同
與一般的兄弟一樣。也有性別不同的情形
智 能
學業成績
外 向 性
職業性向
神 經 質
宗 教 性
創 造 性
同卵
異卵
相關係數 0 0.2 0.4 0.6 0.8 1
（出處）詫摩武俊等編／安藤壽康著《系列・人類與人格 第1卷》Plan出版
比較基因完全相同的同卵雙胞胎與像一般兄弟的異卵雙胞胎，可看出人格五大因素理論的外向性與神經症性有顯著的遺傳相似性。

⑧人格會因狀況而改變嗎？
「人與情境的爭論」與兩種人格變化

俗語說「三歲看大，五歲看老」，意思是幼年時的人格不會改變，但人格心理學經過「人與情境的爭論」，逐漸地認為人格是會改變的東西。

「人格」能夠改變的嗎？

不管是類型論還是特質論，人格心理學原本目的就是分類人格，而且其基本前提是「人格不會改變」。因為，人格若一直在變，分類本身就沒有意義了。認為人格有一貫性且不會改變的是**恆常論**，而密契爾（Walter Mischel）則是主張人格根據情境會不斷變化的**情境論**。

「情境論」反駁以往被人們默認的「恆常論」，掀起了「**人與情境的爭論**」（person-situation controversy）。其結果，「情境論」占了上風，「人格會依情境而改變」成為現在人格心理學的常識。

人格的變化有兩種，其中一種是**情境人格**，在喜歡的人面前是優雅柔弱的女性，但回到家卻與弟弟吵得不可開交，是一種依情境改變，情境恢復，人格就會立即恢復的可逆性人格。還有一種是**人格變樣**，其人格會因強烈的體驗或環境的大變化而改變，是無法恢復原貌的不可逆人格，因精神病或藥物而產生變化、生涯發展心理學假定的成長變化，以及藉由危機克服或精神治療產生的變化，都包含在內。

「人與情境的爭論」與兩種人格變化

人格會變化嗎？

恆常論 ⟷ 人與情境的爭論 ⟷ 情境論

恆常論：人格不會變

情境論：人格因情境而變化

兩種人格的變化

情境人格

能根據情境而改變人格，
如果情境改變就恢復原樣（可逆性）

「情境人格」之例

在父母親面前的反抗人格，
到了朋友面前則變成和諧性人格

人格變樣

人格會因環境的大變化而改變，
無法恢復原樣

「人格變樣」的種類

適應的變樣
- 成熟的變樣
- 越過危機的克服型變樣
- 心理療法所造成的治療型變樣

不適應的變樣
- 特異經驗所造成的病症型變樣
- 藥物中毒或外傷等造成的病症型變樣
- 精神病所造成的病症型變樣

（出處）詫摩武俊等編／鈴木乙史著
《系列・人類與人格 第1卷》Brain出版

⑨男性形象、女性形象是社會造成

關於社會性別的四個理論

什麼是男性形象或女性形象？有別於生物學上的性，由時代或文化產生的社會性性別角色叫作性別。

相對於生理上或生物學上的**性**（sex），由時代或文化所規範出的男女社會性別差異稱為**性別**（gender）。

文化人類學者米德（Margaret Mead）調查新幾內亞三個部落，發現有兩性角色相反的部落存在。因此，她認為性別不同於生物學上的性，是由社會或文化所造就的。

那麼，性別是怎樣產生的呢？其機制被以下四種理論所探討。

第一是**社會學習理論**。經過賞罰強化行為的結果，男孩觀察、學習、模仿父親，女孩觀察、學習、模仿母親，將性別內化在自己身上。例如，女孩一生下來，周遭立即讓她穿上粉紅色的衣服，並且直誇可愛。若是行為像男孩似的，便會被斥責「女孩舉止要端莊」，並且被期待以母親為榜樣變得有女人味。第二是**認知發展理論**，主張當他人用「女孩子」「男孩子」稱呼兒童的時候，兒童會認知到自己的性別，學會性別角色。第三是**精神分析理論**，兒童認同同性的父親或母親，因而學會的性別角色。第四是**性別基模理論**，認為男女行為模式的習得是將男女兩種社會基模內化在自己身上的結果。

男性形象？女性形象？

社會產生的性別（gender）

生理的性＝性（sex）

男人就是
要雄赳赳
的。不准
哭。好好
練身體。

女孩子
嘛，舉止
要溫柔。
媽媽幫你
打扮得可
愛一點。

因為社會的要求，被塑造出「男性形象」「女性形象」。

社會的性別差異＝產生「性別」

性別人為論

社會學習理論

小孩觀察雙親等周遭人們的行動，並且加以模仿而學會性別角色。

認知發展理論

小孩在周遭對自己的反應下慢慢地認知性別。

精神分析理論

小孩會認同與自己同性的父母，並且加以仿效，於是在潛意識中學會男女角色的差異。

性別基模理論

小孩將男性的東西、女性的東西一一分類，形成知識體系（基模）並內化到自己身上。

⑩各種人格測驗1 以特質論為基礎的「問卷法」

作為心理測試而被廣泛運用的是以特質論為基礎的「問卷法」。當中的ＹＧ人格測驗在學校或企業裡也被推行，很多人都做過。

人格研究不可或缺的是客觀的測定方法。雖然也有觀察行為或面談等方法，但最廣泛施行的就是人格測驗。有各式各樣的人格測驗被開發出來，而且各有長短，不過基本上有問卷法、投射法、作業檢查法三種，首先來看問卷法。

問卷法是以特質論（192頁）為基礎的人格測驗，由許多問題構成，受測者勾選「是」「否」「不一定」等選項，作答結果可測量人格。

代表性的問卷法有判斷精神病理學症狀的**明尼蘇達州多向人格測驗**（ＭＭＰＩ）、測量焦慮程度的**外顯焦慮量表**（ＭＡＳ）等，在日本則盛行**矢田部基爾福特人格測驗**（ＹＧ人格測驗）。**ＹＧ人格測驗**由矢田部達郎參考美國基爾福特人格測驗做成，12種人格特性「抑鬱性」、「循環性」、「自卑感」、「神經質」、「客觀性」、「合作性」、「攻擊性」、「一般活動性」、「樂天性」、「思維外向性」、「支配性」、「社會外向性」各有10個問題，總共120題。可以從作答積分判斷出屬於何種人格。

此方法可在短時間內多人測試，也可全體平均做比較，但缺點是自我宣示的方式會有自己不知道的盲點存在。

人格測驗① 問卷法

什麼是問卷法

以特質論為基礎的人格測驗，由許多問題構成，受測者勾選「是」「否」「不一定」等選項，作答結果可測量人格。有YG人格測驗、明尼蘇達州多向人格測驗等方法。

①能夠立刻判斷	□是	□否	□不一定
②不怕陌生	□是	□否	□不一定
③心情不開朗	□是	□否	□不一定
④對工作力求完美	□是	□否	□不一定

YG人格測驗的12種人格特性

①抑鬱性	鬱悶、悲觀的心情、罪惡感
②循環性	情緒的焦慮
③自卑感的程度	欠缺自信、自我評價過低、不適應感
④神經質傾向	擔心、神經質、類精神官能症
⑤客觀性偏低	空想的、主觀性、過度敏感
⑥合作性偏低	警戒心強烈、對他人的信賴度偏低
⑦攻擊性	積極性、熱情、暴怒
⑧一般活動性	積極度、動作的機敏性
⑨樂天性	行動面的輕鬆度、衝動的性質
⑩思維外向性	熟慮不足、無反省
⑪支配性	領導才能、指導性
⑫社會外向性	社交性、引不引人注目

問卷法的優缺點

優點

- 能夠一次對多人測試
- 將全體數值化，取出平均值
- 知道受測者在全體中的相對位置

缺點

- 受測者有意圖作假的可能性
- 無法反映受測者自己都不知道的特徵

⑪各種人格測驗2
以深層心理學為基礎的「投射法」

投射法就是基於深層心理學的分析法，以羅夏克墨漬測驗為代表。此測驗法可使自己不知道的人格浮現出來，但診斷者的能耐也受到質疑。

投射法是基於深層心理學的人格測驗，此方法給予曖昧的刺激，進而分析受測者內心浮現的內容。

投射法之中最有名的就是**羅夏克墨漬測驗**。將墨水垂滴在紙上，對折後展開，問受測者從左右對稱的墨漬中獲得了什麼意象，再根據回答做分析，是一種視覺刺激形式的人格測驗。

同樣視覺刺激形式的測驗，也有**TAT**（主題統覺測驗）。讓受測者看一組圖像，使其從中編出有過去、現在、未來架構的虛構故事，再從內容分析受測者的慾求或人格。

此外，描畫測驗之中，有一種**樹木畫測驗**。準備好A4左右的圖畫紙、鉛筆與橡皮擦，受測者遵照指示畫出「結有果實的樹木」。再從該畫中分析，例如粗大樹幹可解讀為自信的表現；一張紙畫得滿滿的則可解讀為自我顯示慾的表現。

這類根據投射法的心理測驗，雖然優點是能夠清楚展現自己意識不到的部分，但是診斷者的能耐會被質疑，不能排除誤診的可能性。

人格測試② 投射法

什麼是投射法

基於深層心理學的人格測驗，給予曖昧的刺激，藉以分析受測者內心浮現的內容。代表性投射法有羅夏克墨漬測驗、樹木畫測驗。

羅夏克墨漬測驗

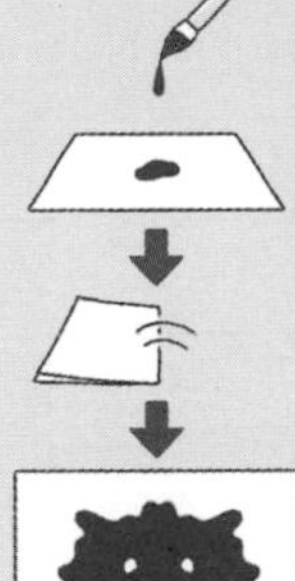

展開紙張後，問受測者從左右對稱的污漬中獲得什麼意象，並且根據回答做分析、判斷人格。

TAT（主題統覺測驗）

讓受測者看一組圖像，編出有過去、現在、未來架構的虛構故事。從內容分析受測者的慾求或人格。

樹木畫測驗

粗大的樹幹
表示自信
一張紙畫得
滿滿的是
自我顯示慾

讓受測者自由地描繪樹木，
從其圖畫的狀況探索深層心理

投射法的優缺點

優點

- 能清楚展現自己意識不到的部分
- 能確認心的健康狀態

缺點

- 診斷者能耐被質疑，也有誤診的可能性

何謂性格？

⑫ 各種人格測驗3
受測者難以操縱結果的「作業檢查法」

啟發自克雷佩林連續加算實驗的「內田克雷佩林心理測驗」，是一種作業檢查法，可以判斷人格特性，連企業選才也有使用。

使受測者進行某項簡單作業，從結果或作業速度分析其人格的方法，就是作業檢查法。

在日本，最有名的是由內田勇三郎根據德國精神醫學家克雷佩林（Emil Kraepelin）的計算作業研究，所開發出來**內田克雷佩林心理測驗**。

「內田克雷佩林心理測驗」首先將隨機數列中兩兩相鄰的數字相加，並將總和的個位數寫在下方。每隔1分鐘停止作業，改移至下一行數列。作業前半部與後半部各15分鐘，中間休息5分鐘，反覆做同樣作業共30分鐘。最後將每行最後作答的地方連接起來，畫出作業曲線。觀看作業曲線走向是否穩定或偏移，就能判斷其人的氣質、智力等人格特性。

在日本，這被廣泛使用於職業適性等檢查，不僅能夠集體同時受測，並且具有受測者不易操縱結果的優點。再者，由於沒有言語隔閡，受測對象範圍廣泛，幼兒、外國人也能做，在亞洲也有多國使用。

但是，在另一方面的缺點是無法掌握詳細人格特性、僅能分析人格特性某一面、對作業曲線的解釋混雜主觀意識。

人格測試③ 作業檢查法

什麼是作業檢查法

使受測者進行某項簡單作業，從結果或作業速度分析其人格的方法。最有名的是由內田勇三郎根據德國精神醫學家克雷佩林的計算作業研究，所開發出來內田克雷佩林心理測驗。

內田克雷佩林檢查

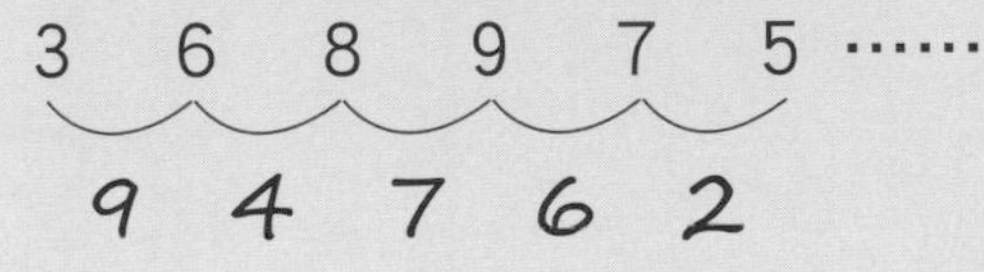

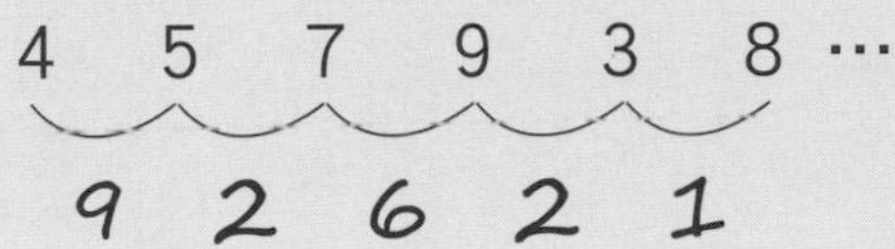

①讓受測者將兩兩相鄰的數字相加，並且將其總和寫在下方
※總和超過10時，僅寫個位數字
②每到一定時間中斷作業，並移至下一行
③中間休息5分鐘，反覆進行相同測試
④將各行最後作答的地方連接起來，畫成作業曲線
⑤觀看作業曲線走向，判斷其人格特性

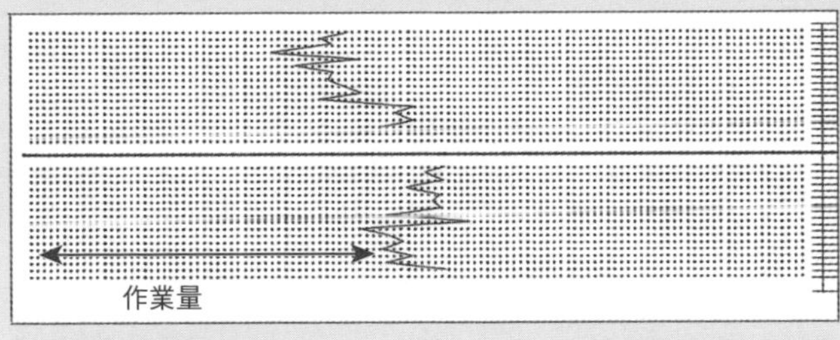

能夠顯示每行作業量的變化（如左圖）。作業曲線若無參差不齊，會被判定是安定的人格。

作業檢查法的優缺點

優點

- 能夠同時對眾人檢查
- 受測者難以操縱答案
- 不受限於受測者的語言能力

缺點

- 僅能診斷人格的某一面向
- 受測者的身體狀況好壞、想不想做此作業，有時也會左右測驗結果

⑬察覺自己所不知道的自我吧

映照出自我四個樣貌的「周哈里窗」

要瞭解自己的人格非常困難，因為有未知的我與盲目的我存在。藉由周哈里窗，重新認識自我並且開拓新的人際關係。

你曾有過被人指出自己沒想到會有的性格而感到驚訝的經驗嗎？

美國心理學者魯夫特與英格（Joseph Luft & Harry Ingham）從自我揭露（如何向別人展現自己）的概念中提出人際關係的模型。他們結合兩人的名字，命名為**周哈里窗**（Johari window）。根據自己與他人對自己的了解與否，區分出四個自我樣貌，分別照映在四個窗戶上（左圖）。

首先，**開放之窗**就是表示自己與他人都知道的部分。而映照在**隱藏之窗**的是內心深處的自己，自己知道但他人不知道。相反的，他人知道，但自己卻沒有發覺的部分，就是**盲目之窗**。此外，**未知之窗**映照出他人與自己都沒有發覺的部分。

在心裡浮現四個窗戶映照出的自我，進而自己揭露，大開開放之窗，這是人際溝通時必要的一點。當你為本身人格或溝通而煩惱時，不妨試著畫一畫周哈里之窗，努力去發現不知道的自己吧。

周哈里窗

讓你發現自己的四個窗

美國心理學者魯夫特（Joseph Luft）與英格（Harry Ingham）根據自己與他人對自己的了解與否，區分出四個自我樣貌，分別照映在四個窗戶上。

		自己 知道	自己 不知道
他人	知道	**開放之窗** 自己與他人都知道的部分（開放我）	**盲目之窗** 自己沒有發覺但他人卻知道的部分（盲目我） 
	不知道	**隱藏之窗** 自己知道但他人不知道的部分（隱藏我） 	**未知之窗** 自己與他人都沒有發覺的部分（未知我） 

Column

6

裝模作樣的人是雙重人格!? 情境人格與多重人格的差異

日本有句俗語「猫をかぶる」（將貓披在身上，意指假裝溫順）。

有些人在喜歡的人面前就會裝乖乖牌，變成「かりてたきた猫」（借來的貓，意指變得溫順，與平常截然不同），還會發出「猫なで声」（貓被撫摸時發出的聲音，意指撒嬌聲），跟平常判若二人。

人在喜歡的對象面前多少會不自覺地想要好好表現自己，因此人格產生變化。

這就是「情境人格」（198頁），在一般的狀況，在喜歡的對象面前會變換「人格（性格）」。當這種「情境人格」變化特別大就會被說是「裝模作樣」，並且常被同性責難是「雙重人格（多重人格）」。不過，「多重人格」其實是一種最近改名為「解離性身份障礙」（222頁）的精神疾患，與「情境人格」全然不同。兩者的差異在於，「情境人格」的變化會對應特定情境，並未失去「自我認定」（本人認為我就是我），而「多重人格」的變化與情境無關，「自我認定」會隨著性格改變而產生置換。

「解離性身份障礙」在小說或電影中也常常提起，最近為人所知的作品有丹尼爾・凱斯的《24個比利》，早一點的則有史帝文生的《化身博士》。化身博士人格分裂的原因一開始是藥物，而「解離性身份障礙」的原因是幼兒至兒童期遭受的強烈精神壓力，其中大多是虐待。

Part 7

沒煩惱的人並不存在！心病與臨床的心理學

①心理煩惱的處置

「親臨病床」，救助病人的心理學

臨床心理學的使命就是運用心理計量學所發展的「心理衡鑑」與以動力心理學為基礎的「心理諮商」，針對有心理煩惱的人們給予支持。

先前所介紹的心理學，都是試圖從認知、學習、社會、發展、人格等觀點理解人類心理運作的學門。而本章要說明的**臨床心理學**，則是基於這種對於心理運作的理解，企圖解決心理問題的學門。

臨床心理學的英文為「clinical psychology」，clinic就是「親臨病床」的意思，譯為「臨床」。一八九六年建立第一間心理診所的維特莫（Lightner Witmer）批判當時心理學是哲學思索下的研究，也抨擊心理學原封不動地應用實驗室的成果，因此他提倡現場主義的心理學。

在臨床心理學的基礎上有兩個流派。一個是從一八九〇年卡泰爾的「心理測驗」及比奈的「智力測驗」（104頁）所發展出來的「心理計量學」。此流派的臨床心理學的立論基礎是重視**心理衡鑑**（psychological assessment）。另一個流派則是始於佛洛伊德（24頁）精神分析學的動力心理學，它的立論基礎是**心理諮商**（counseling）。

運用「心理衡鑑」與「心理諮商」，針有心理煩惱的人們給予支持，就是臨床心理學家的任務。

致力於心理煩惱的心理學

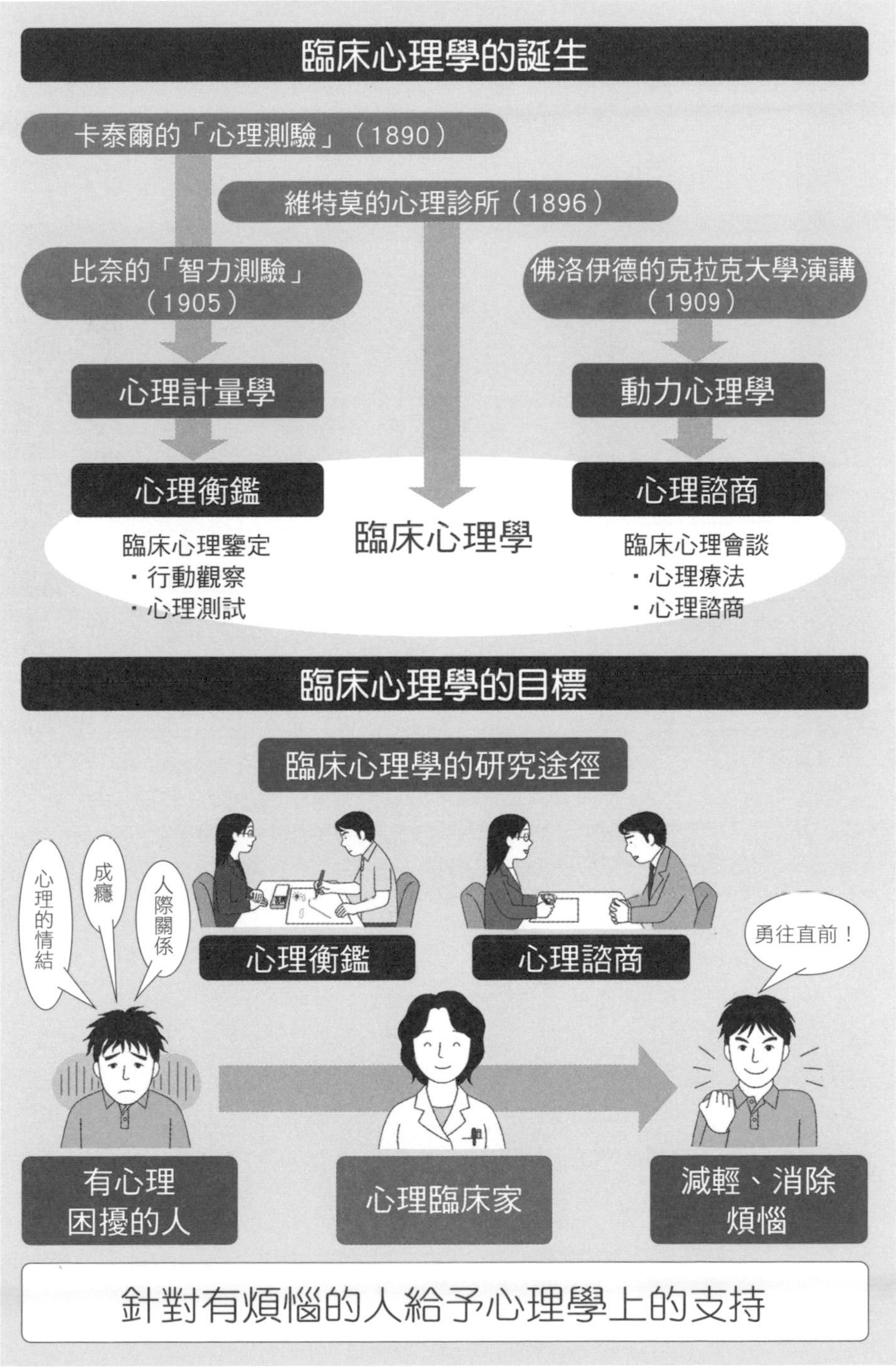

臨床心理學的誕生

卡泰爾的「心理測驗」（1890）

維特莫的心理診所（1896）

比奈的「智力測驗」（1905）

佛洛伊德的克拉克大學演講（1909）

心理計量學

動力心理學

心理衡鑑

心理諮商

臨床心理學

臨床心理鑒定
・行動觀察
・心理測試

臨床心理會談
・心理療法
・心理諮商

臨床心理學的目標

臨床心理學的研究途徑

心理的情結

成癮

人際關係

心理衡鑑

心理諮商

勇往直前！

有心理困擾的人

心理臨床家

減輕、消除煩惱

針對有煩惱的人給予心理學上的支持

心的煩惱

②為何會感到壓力？

壓力源與壓力反應

壓力其實就是為了適應環境的防禦反應。壓力的處置最重要的是去除壓力源，或是改變認知不去感覺壓力。

經常有人說「現代社會是壓力的社會，我們無法自壓力中逃脫」。那麼，所謂壓力究竟是什麼呢？加拿大生理學者賽利（Hans Selye），將生物遭受來自外界給予的刺激稱為**壓力源**，壓力源所產生的不當反應稱為**壓力**。

壓力源有三種：**生理性壓力源**（疲勞或睡眠不足）、**物理性壓力源**（暑熱或寒冷），以及**社會性壓力源**（人際關係的煩惱或環境變化）。面對這類壓力源，我們會產生壓力反應，像是分泌副腎皮質荷爾蒙、交感神經興奮、體溫／血壓升高，以及免疫系統受到抑制。而其結果就是食慾不振、焦躁、失眠等。

一般將壓力源（streesor）與壓力反應（stress）合稱為「壓力」。原本壓力反應本身係指為了適應環境的防禦反應。不過，如果強烈的壓力源一直持續著，便會適應不良，甚至會導致神經性胃炎、腸道激躁症、精神官能症（216頁），以及憂鬱症（224頁）等症狀。壓力的處置，雖然第一就是除去壓力源，但行不通時，接受壓力並改變認知不去感覺壓力，也是有效的。

壓力反應的機制

壓力源與壓力反應

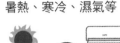

壓力源（壓力的原因）

疲勞、睡眠不足等

生理性壓力源

暑熱、寒冷、濕氣等

物理性壓力源

人際關係、環境變化等

社會性壓力源

不去感覺壓力（良性的認知）

壓力反應

- 分泌副腎皮質荷爾蒙
- 交感神經興奮
- 體溫、血壓上升
- 免疫系統受到抑制

身心機能的低下

食慾不振　焦躁
失眠　頭痛　發燒
慢性疲勞

神經性胃炎、腸道激躁症、身心症、精神官能症、飲食障礙、憂鬱症等

壓力源的去除或認知的改善 → 適應環境

強烈的壓力一直持續 → 適應不良

③精神官能症

認真的人更要注意

過去被稱作神經病的症狀，現在根據發病機制有「焦慮症」「強迫症」「慮病症」「失自我感障礙症」等不同症名。

因過度壓力或精神上疲勞所引起的精神障礙，叫作**精神官能症**。

所謂精神官能症是心理無法取得調整時所發生的症狀，它不是精神病，而是普通人也會有的症狀。特別是過於認真自責者、內省性高者、十分堅持且毫不通融的固執者、有強烈上進心的完美主義者，以及機靈卻過度敏感且易操心者都容易患此症。

過去佛洛伊德等人將精神官能症視為心因性疾病，並且加以研究。在其後的研究中，已經明白長久以來被一概視之的各種症狀，其實有各自不同的發病機制，現在則根據發病機制加以分類，並以不同的症名稱之。

例如，**焦慮症**（被沒來由不安感侵擾的廣泛性焦慮症等，見218頁）、因擔心細菌而洗好幾次手的**強迫症**（218頁）、對於身體症狀反應過度、深信自己生病致使內心不安的**慮病症**（220頁）、自己對自己毫無現實感感受的**失自我感障礙症**（222頁）等，這些在過去都叫精神官能症。

心理問題① 精神官能症

精神官能症並非精神病，而是一般人由於過度壓力或疲勞所引起的精神障礙。

容易患有精神官能症的人

內省的
過於認真自責

固執的
十分堅持
且毫無通融

感受性
過度敏感且易操心

上進心
上進心強烈
且完美主義

精神官能症與現代的症名

現在則根據不同的發病機制，以各自的障礙名稱分別稱呼精神官能症。

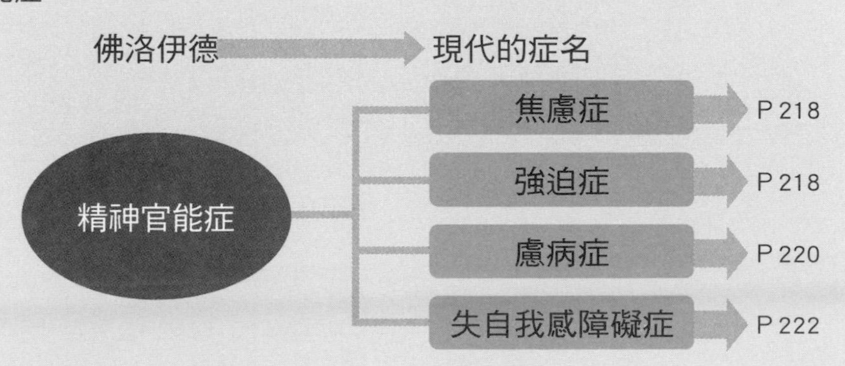

心的煩惱

④各種焦慮症

從恐慌症到PTSD

主要症狀為不安感的「焦慮症」之中，有PTSD，以及身體雖無異常但卻引發悸動頭暈的恐慌症等疾患。

不安感異常地大增，日常生活大受妨礙。這種主要症狀為不安感的精神障礙，被稱為**焦慮症**。

「焦慮症」有許多種類，例如，身體沒有什麼特別異常，卻突然發生悸動或頭暈的**恐慌症**。一旦經驗過恐慌發作，便唯恐再度發生而心有不安，於是會躲避電車或人群。

此外，對特定刺激感到恐懼而迴避的**恐懼症**（phobia）之中，有「社交恐懼症」、害怕蛇或蜘蛛等特定事物的「特定恐懼症」。也有與此相反，會沒來由地對各種事情感到長期不安的**廣泛性焦慮症**（generalized anxiety disorder）。還有，由於受到災害、事故、犯罪受害等衝擊，造成**心理創傷**（trauma）而引起不安的**PTSD**（**創傷後壓力症候群**）也是「焦慮症」之一。

另外，因不安而反覆上鎖門窗幾十次、因擔心細菌而洗好幾次手，如此因為某個想法一直浮上心頭而不段重覆相同行為的**強迫症**（obsessive-compulsive disorder），一直被認為是「焦慮症」的一種，但現在則被獨立出來討論。

心理問題② 焦慮症

各種焦慮症

恐慌症

身體無異常，卻突然悸動或頭暈，在10分鐘內發作，30分鐘至1小時內會恢復。

預期性不安 → 恐慌發作

閉塞感 閉塞感 閉塞感 閉塞感

做完不安的預想後10分鐘內發作

30分鐘到1小時內會恢復

廣泛性焦慮症

沒來由地對各種事情感到不安。長期持續。

恐懼症

對特定刺激感到恐懼而想要迴避。

- **社交恐懼症**：與人接觸會感覺恐懼。有視線恐懼症、臉紅恐懼症、演講恐懼症等。
- **特定恐懼症**：恐懼蜘蛛、蛇、打雷、打針等特定事物。
- **廣場恐懼症**：恐懼人群雜沓或無處可逃的場所等，因而無法外出。

PTSD（創傷後壓力症候群）

由於受到災害、事故、犯罪受害等衝擊，造成心理創傷（trauma）而引起不安。

強迫症

由於某個想法一直浮上心頭，強烈不安產生強迫觀念，於是進行不斷重複相同行為的強迫行為。例如，像不能碰觸電車吊環的不潔強迫或擔心忘記鎖門而回去好幾次的確認強迫等。

強迫觀念 → 強迫行為 → 強迫觀念

⑤身體症狀及相關疾患

心理問題顯現在身體上

心理學歇斯底里症之中的轉化型歇斯底里症，現在則稱為「轉化症」。這是身體上出現問題，但卻找不出異常生理原因的心因性疾患。

過去，佛洛伊德的研究對象，就是歇斯底里症患者。在心理學中，歇斯底里分為**轉化型歇斯底里**和**解離型歇斯底里**（222頁）。現在，轉化型歇斯底里被改稱為**轉化症**（conversion disorder）。

明明身體上找不到異常，卻不能行走、失去視力或聲音。關於這種運動痲痹或感覺痲痹，有人說《阿爾卑斯的少女海蒂》中的千金克拉拉也得了「轉化症」。也有些心因性疾患與「轉化症」相同，病人跟醫生說身體不適，卻找不出醫學上的原因，因此無法被當作身體疾病。其一就是**身體化疾患**（somatization disorder），病人跟醫生說頭痛或頭暈，這些身體不適在內科上卻找不到異常。此外，也有經常自己懷疑是不是生病而不安的**慮病症**（hypochondriasis），以及感覺身體疼痛但卻找不到異常的**疼痛疾患**（pain disorder）。

另外，認定自己的姿容醜陋而避不見人，反覆進行整型手術的**身體畸形性疾患**（body dysmorphic disorder），過去也被認為屬於轉化症，但現在則被認為是強迫症。

心理問題③ 身體症狀及相關疾患

身體症狀及相關疾患

- 病人跟醫生傾訴身體的苦痛，卻找不到醫學上的原因，無法被當作身體疾病的心因性疾患。
- 過去的名稱為「轉化型歇斯底里症」（精神官能症之的一種），現在稱為「轉化症」。

各種與身體症狀相關的疾患

轉化症（conversion disorder）

身體上找不到異常，無法步行或失去視力／聲音，運動麻痹或感覺麻痹。

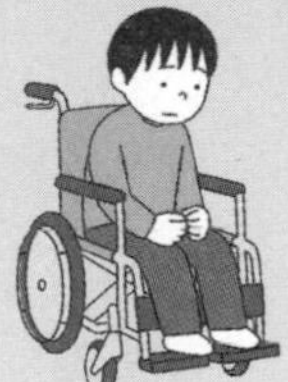

身體化疾患（somatization disorder）

在30歲以前發作，雖然求診說頭痛或頭暈、噁心、腹痛、疲勞感等身體的不正常長達數年，但在內科上卻找不到異常。

慮病症（hypochondriasis）

由於對身體症狀或機能過度敏感，經常自己懷疑是不是生病而變得不安。

疼痛疾患（pain disorder）

雖然身體上感覺疼痛，但內、外科都找不到異常。

身體畸形性疾患（body dysmorphic disorder）

認定自己姿容醜而避不見人，變得抑鬱寡歡。多發作於青春期，也有人變得無法照鏡子，甚至反覆不斷進行整形手術。

⑥解離症

不自知的「解離狀態」

當記憶或人格失去整體性而出現記憶喪失、產生多重人格等症狀，即解離症，幼兒期的創傷就是原因之一。

過去，在精神官能症「歇斯底里症」之中，有「解離型歇斯底里症」這樣的心理疾患，現在則稱作**解離症**，指的是完整的記憶或人格之間出現障壁，而使某部分處於解離狀態。

例如，因為衝擊性的經驗或壓力，導致某一段期間的記憶全部喪失。這就是**解離性失憶症**，這種喪失的記憶在大多情況下都會恢復。

此外，突然逃離家族或工作，過著流浪生活，喪失自己過去部分或全部記憶，稱作**解離性漫遊症**。

還有，自己從自己的身體游離出來，感覺好像失去了一體性，那就是**失自我感障礙症**。由於失去現實感，也有如旁觀者看著自己的感覺。

在「解離症」之中，最為人所熟知的就是**解離性身份障礙**。也被稱為「多重人格障礙」，一個人卻處於有兩個以上獨立人格存在的狀態，經常輪替變換人格以守護內在的心靈。這當中許多都併發PTSD（創傷後壓力症候群），其原因被認為係來自幼兒時期身體上、精神上的性虐待經驗所造成的創傷（trauma）。

心理問題④ 解離症

解離症

・精神官能症其中之一，過去的名稱是「解離性歇斯底里症」。
・完整的記憶、人格之間出現壁壘，導致某部分呈解離狀態。
・所謂解離，乃是心靈處理創傷（trauma）的防衛機制，任何創傷精驗都是原因。

各種解離症

解離性失憶症（dissociative amnesia）

衝擊性的經驗或壓力導致某一段期間的記憶全部喪失。這種喪失的記憶在大多情況下都會恢復。

解離性漫遊症 （dissociative fugue）

突然逃離家族或工作，過著流浪生活，喪失自己過去部分或全部記憶

解離性身份障礙（dissociative identity disorder）

也稱為「多重人格障礙」，一個人卻處於有兩個以上獨立人格存在的狀態。主人格之外，又製造出另一個人格，並且人格輪替變換守護心靈。主人格也是輪替人格之一，未必一定是真正的自己。很多人有幼兒時期被性虐待的經驗。

失自我感障礙症（depersonalization disorder）

自己從自己的身體游離出來，感覺好像失去了一體性。由於失去現實感，也有如旁觀者看著自己的感覺。

心的煩惱

⑦憂鬱症與雙極性疾患

「憂鬱症」與「躁鬱症」其實是全然不同的疾病

據說日本的自殺者中，有三分之一的原因是「憂鬱」。情緒低落是自殺念頭興起的原因，最近用藥物治療也可能治癒。

過去的「憂鬱症」或「躁鬱症」都被歸為**情緒障礙**，但是現在則將只有憂鬱症狀的「憂鬱症性疾患」與躁／鬱交互輪替的「雙極性疾患」視為完全不同的獨立病症（左圖）。

一般所稱的**憂鬱**其實是**重鬱症**，患者的情緒低落，對所有的事情毫無興趣，集中力下降。心中會浮現愈來愈強烈的自責感、罪惡感或自殺念頭。容易疲倦，食慾減退，睡眠過多或失眠，特別是會在清晨時憂鬱感襲來，傍晚才減輕（一日變動）。

容易「憂鬱」的人大多有一絲不苟且責任感強烈、操心過度的傾向。此外，如有親人死亡或失業等喪失經驗，就很容易發作。雖然一百人中約有三人的罹病率，但最近藥物治療也有進展，已經可能治癒。

另一方面，反覆出現「憂鬱無力氣」以及「躁動高活力」這兩種狀態的則是**雙極性疾患**。過去「躁鬱症」被誤認為是「憂鬱」的一種，也被歸類為同樣的情緒障礙，但是研究發現躁鬱症與思覺失調症有基因上的共通因素，故而被視為另一種疾病（根據DSM-5[*]）。

*二〇一三年美國精神醫學會出版的精神疾病診斷及統計手冊第五版

心理問題⑤ 憂鬱症與躁鬱症

憂鬱症與躁鬱症的分別
情緒障礙
憂鬱症
僅有「鬱症」
重鬱症
低落性情感疾患
輕鬱症
現在被認為是全然不同的疾病
雙極性疾患
「躁症」與「鬱症」
反覆不斷，一般稱作「躁鬱症」
第一型雙極性疾患
第二型雙極性疾患
循環性感情疾患
憂鬱症的症狀
情緒憂鬱
容易疲勞
興趣、關心的喪失
一日變動
意志、集中力的減退
食慾障礙
自責感、罪惡感
肉體的症狀
睡眠障礙
自殺念頭
精神的症狀

⑧思覺失調症（精神分裂症）

從精神的癌症到能夠治療的病

思覺失調症過去被稱為精神的癌症、人格荒廢的不治之症，但現在則藉由抗精神病藥物的治療，約有四分之一的治癒率。

思覺失調症過去被稱為「精神分裂症」，但由於常被汙名化、名稱與實際病情不符，日本在二〇〇二年更名為統合失調症（台灣在二〇一四年由衛福部更名為思覺失調症）。

發病初期的症狀多為幻聽、幻覺、被害妄想，以及情緒不穩定造成的反覆怪異行為。這種明確的變異稱作**陽性病徵**。隨著病情發展，很多病人會出現沒有表情、感情平板化，甚至集中力低下、思考貧乏化，意志減退等**陰性病徵**，漸漸地人格便會荒廢下去。

此外，思覺失調症的類型，可以區分為以下三種。第一是**妄想型**，如同其名，病人陷入妄想或幻聽，比起其他類型症狀較輕。第二是**解體型**（破瓜型）會變得意志減退、感情鈍化、有自閉傾向，漸漸地無法做出完整行為或對話。第三是**緊張型**，有的人會做出毫無目的的動作，且對周圍刺激沒有反應；有的人會有強直性昏厥（catalepsy）、運動不能（akinesia）等狀況，一動也不動；有的人會極度拒絕或沉默。

思覺失調症發作率約1%，好發於青春期到20幾歲之間，雖然原因不明，但藉由抗精神病藥，約有四分之一可獲得治癒。

心理問題⑥ 思覺失調症

所謂思覺失調症

- 台灣在2014年由衛福部更名為思覺失調症。
- 以妄想或幻覺為主要症狀的精神疾病，會引發感情平板化或意志減低。青春期以後發作，本人無病識感。
- 一般認為原因是腦神經傳達物質的機能不完全。

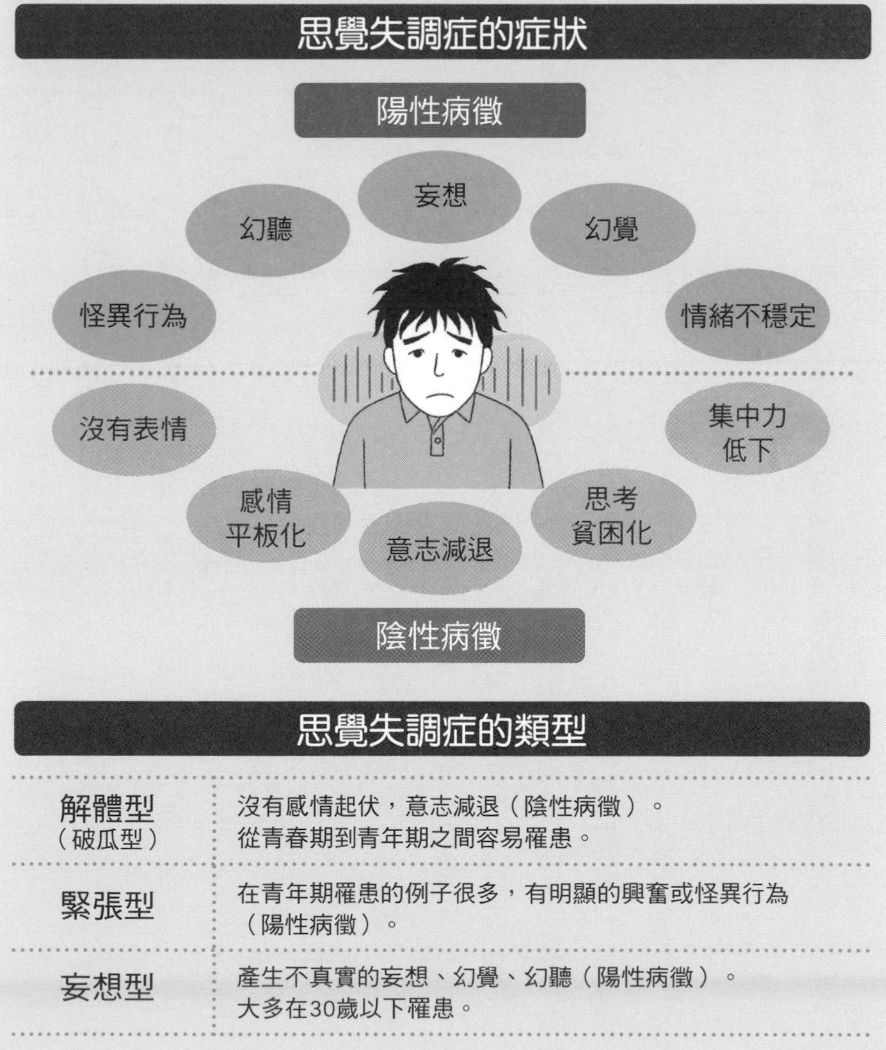

思覺失調症的類型

解體型（破瓜型）	沒有感情起伏，意志減退（陰性病徵）。從青春期到青年期之間容易罹患。
緊張型	在青年期罹患的例子很多，有明顯的興奮或怪異行為（陽性病徵）。
妄想型	產生不真實的妄想、幻覺、幻聽（陽性病徵）。大多在30歲以下罹患。

⑨人格障礙

容易與周圍產生糾紛的人格偏差

「人格障礙」者由於言行偏差，致使社會適應困難，常苦於人際的衝突。

人格障礙，就是想法或行動比一般人偏差，導致社交生活或人際關係發生困難的疾患。

德國精神病理學家施奈德（Kurt Schneider）的說法是「由於人格偏差，導致自己和周圍都痛苦」。人格因素導致與周遭發生衝突，可說是「人格障礙」的特徵。

其症狀，以感情幅度與強度、人際關係與衝動性、想法等為基準，可區分為有怪異信念或習慣，與思覺失調症相近的A群；情緒或感情激烈、行為或態度奔放，與過去邊緣型人格概念相近的B群；對人際關係沒有自信，有不安和恐懼感，與過去精神官能症概念相近的C群等（左圖）。

A群又細分為猜疑心強烈，會懷疑他人的**妄想性**、缺乏喜怒哀樂，自閉的**類分裂性**、沉迷於怪異空想的**分裂性**。B群又細分為不斷重覆違法行為的**反社會性**、感情不穩定的**邊緣性**、彷彿在演戲的**表演性**、態度妄自尊大，認為自己很優秀的**自戀性**。C群又細分為恐懼批判而閉居不出的**畏避性**、過分依賴他人的**依賴性**、過度完美主義的**強迫性**。

心理問題⑦ 人格障礙

人格障礙的分類

人格障礙：由於人格的顯著偏差，招致對社交生活不適應。
美國精神醫學會將人格障礙分類為以下10種。

群體	種　類	特　徵
A群 妄想，容易採取怪異信念或行為	妄想性人格障礙 paranoid	猜疑心強，沒有證據也會懷疑周圍的人欺騙自己。嫉妒心強烈，別人攻擊或侮辱自己時反應過於敏感。
	類分裂性人格障礙 schizoid	對他人或社會不關心，閉居不出。不想與人交流，缺乏感情表現。
	分裂型性人格障礙 schizotypal	對於不真實的靈異現象或魔術有固執的迷信或妄想。懷疑心強、不安與恐懼深植內心。
B群 感情混亂，既激烈又情緒的	反社會性人格障礙 antisocial	自我中心，不在意他人心情或權利。為了自己的利益，不但說謊時臉不紅氣不喘，連違反社會規範或法律也不在乎。
	邊緣性人格障礙 borderline	人際關係與自我情緒不穩定。有時會有自殺或自殘等衝動的自我毀壞行為。
	表演性人格障礙 histrionic	欲獲取周圍的注意而採取誇張的戲劇性言行。
	自戀性人格障礙 narcissistic	高度自負，只關心自己的事情。有特權意識，認為自己很特別。會企圖不當地利用別人。
C群 對人際關心容易懷抱不安或恐懼	畏避性人格障礙 avoidant	強烈的自卑感，過分恐懼名聲受損。害怕他人指責或反對，恐懼受到侮辱，極力躲避與他人的交流。
	依賴性人格障礙 dependent	即使是小事情，自己也無法決定。只要能與依賴的對象相依，自己怎樣犧牲都無所謂。
	強迫性人格障礙 obsessive compulsive	極端完美主義，固執於瑣事，無法融通、沒效率。認真且一本正經，但無法應對變化。

⑩虐待兒童

雙親的病態所產生的悲劇

毆打、腳踢、粗暴語言或脅迫、性虐待，虐待兒童的案件年年增加。許多虐待兒童的雙親都有被虐待的經驗，這是上一代的病態所產生的悲劇。

每年有關單位所掌握的虐待兒童案件數目都會創下新高，以日本為例，二〇一二年約六萬七千件，十年間大約多了三倍。或許政府的宣導提高了民眾對虐待的警覺，但通報在案者僅是冰山之一角，實際的虐待數目應當數倍以上。

虐待兒童的類型，首先有毆打、腳踢、猛烈搖晃、熱水或香菸觸燙等**身體虐待**，還有藉由言語暴力、脅迫、否定的態度給予心靈外傷的**心理虐待**，以及強迫性行為、拍攝色情照片等以小孩為性對象的**性虐待**，另外也有讓兒童在骯髒的環境中生活、不給飯吃，也不給上學等的**忽視**。虐待兒童的家長本身也是受虐兒童的例子也不少。

此外，有一種罕見的虐待例子，叫作**代理孟喬森症候群**（munchausen syndrome by proxy）。父母給小孩造成身體的傷害，使小孩代替自己成為病人，再扮演照護病人的好家長，藉以引來周圍的目光。在日本，在福岡縣有媽媽給一歲半女兒餵食抗癲癇藥，以及在歧阜縣有媽媽將細菌混入兩個女兒的點滴的案例。

心理問題⑧ 虐待兒童

各種的虐待兒童

①身體虐待

毆打、腳踢、激烈搖晃、以熱水或香菸觸燙等對身體的暴行

②心理虐待

藉由語言暴力、脅迫、否定的態度而給予心靈的外傷

③性虐待

強迫性行為或拍攝色情照片等將小孩作為性對象的行為

④忽視

讓小孩在骯髒的環境中生活、不給飯吃，也不給上學等的放棄養育

代理孟喬森症候群

得到「可憐好媽媽」的評價

對沒有得到好媽媽的評價而感到焦躁

保護・照顧

加害・虐待

加害小孩使其成為病人

⑪成癮 即使有自知也停不下來

人有沉溺於香菸或酒等的「物質成癮」、沉溺於行為本身的「過程成癮」，也有沉溺於人際關係的「人際關係成癮」等各種成癮行為。

對於特定刺激或快感不斷地有更進一步需求的自發性傾向，稱為**成癮**（addiction）。根據成癮的對象，可以大致分為以下三類。

第一是**物質成癮**，即對酒精、尼古丁、咖啡因、藥物等物質產生依賴。不單是成癮性高的物質，對食物產生物質成癮也會變成為過食症。

第二是沉溺行為本身的**過程成癮**。最具代表性就是小鋼珠或賽馬等賭博行為。若是有購物成癮或沉溺於割腕、順手牽羊等行為，也可說是過程成癮。

第三是沉溺於人際關係。對於情人、夫妻、家族等有限的人際關係產生依賴，就是**人際關係成癮**。特別是一旦在關係中的兩造變得彼此過分依賴，便很容易形成共同依存症。例如，若與有家暴傾向男朋友形成共同依存關係，女方即使被毆打也會說「他平常很溫柔的，而且如果他沒有我不行」。就這樣，彼此都無法獨立自主。

成癮的原因來自於逃避現實衝擊與辛苦的行為，沉溺的後果常常引發不適應社會的案例。

心理問題⑨ 成癮

成癮的三種類型

成癮

①物質成癮

對物質的依賴

- 酒精成癮
- 尼古丁成癮
- 過食症
- 大麻等的藥物成癮

無法拒絕酒、菸、藥物

→ 損害健康

②過程成癮

對行為的依賴

- 賭博成癮
- 工作成癮
- 購物成癮
- 偷盜癖
- 網路成癮

深陷於賭博、購物等

→ 不適應社會

③人際關係成癮

對人際關係的依賴

- 共同依存症
- 戀愛成癮
- 性愛成癮

對與伴侶間關係的沉溺

→ 變得無法獨立自主

⑫精神分析式心理治療

從心理動力論的觀點來察覺潛意識

佛洛伊德的「精神分析療法」經過簡化，也被現代臨床心理學所採用。從心理動力的觀點我們可以瞭解被壓抑的潛意識。

從這一小節開始，我們來看看各式各樣的**心理療法**吧。

為之後臨床心理學帶來重大影響的現代心理療法始祖，可以說就是佛洛伊德（24頁），他所擬出的心理療法正是**精神分析療法**。佛洛伊德讓當事人躺在長椅或沙發上，自由地聯想著內心所浮現的意念，從而開發出自由聯想法。

原來的「精神分析療法」療程一次約五十分鐘，一星期要進行四次以上，而現在被廣泛採行的**精神分析式心理治療**，則是經過簡化，多採面對面方式，一星期進行一次。自由聯想或夢境分析會和其他技法一起折衷採用，主要藉由與自我對話，來調整當事人與超我／本我之間的關係。

人的內心是本我（被需求牽動）、超我（規範與倫理）、自我（扮演調控角色）三者爭奪精神能量的結果。治療者捕捉當事人的心理並進行分析，目的是使其和緩本我與超我的運作，以達到自我的強化。

此外，治療者會探討當事人自我防衛機制產生的言行舉止，幫助其察覺潛意識，同時也分析當事人的「抗拒行為」與對治療者的「移情作用」，用以揭露被潛意識壓抑的感情。

心理療法① 精神分析式心理治療

什麼是精神分析的心理療法

佛洛伊德開創的精神分析療法

讓當事人躺在長椅或沙發上，自由聯想內心所浮現的意念。
自由聯想法1次約50分鐘，1星期進行4次以上。

現行的精神分析式心理治療

多採面對面方式，1星期進行1次。自由聯想或夢境分析會和其他技法一起折衷採用，主要藉由與自我對話，來調整當事人與超我／本我之間的關係。

心理動力論的觀點

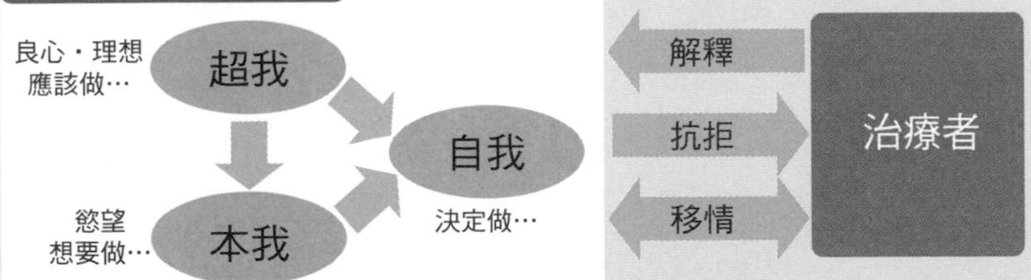

解釋	治療者探討當事人自我防衛機制產生的言行舉止，幫助其察覺潛意識
抗拒	一旦觸及被壓抑的潛意識，當事人便沉默、拒絕面談，產生「抗拒」。藉由分析這些反應而瞭解潛意識。
移情	當事人將對過去重要人物的感情投向治療者。透過分析移情作用，揭露被潛意識壓抑的感情。

心的煩惱

⑬行為療法・認知行為療法

根據學習理論與認知的治療法

行為主義心理學學習理論的行為修正，與認知心理學訊息理論的認知修正，兩者融合誕生的是認知行為療法。

精神分析關心看不見的心，而行為主義心理學只關心看得見的行為，**行為療法**的產生便是以其學習理論為基礎。一開始為史基納（84頁）等人首先使用，艾森克（194頁）則提出明確的治療概念。

行為主義者認為，人之所以形成不適應狀態，是由於習得不適應行為（或是未習得適應行為），若可以習得以實驗為基礎的學習理論或行為理論所提出的適應行為，便能修正人的行為與情緒。

例如，**系統減敏法**利用古典條件制約（82頁），讓在鬆弛狀態中的當事人暴露於會引起不安的刺激，藉以減低不安感；**塑造法**利用操作制約（84頁），給予行為的正增強因子（褒獎或讚賞），階段性地導向目標；**示範法**利用的是社會學習理論（86頁）。

其後，行為療法與貝克（Aron Beck）等人的認知療法合流，誕生了**認知行為療法**，他們不僅重視學習帶來的行為改變，並且認為問題在於「對緣起行為有不適切的認知」。例如，艾里斯（Albert Ellis）認為緣起事件（A）必須經由信念（B）才能導致扭曲的情緒／行為結果（C）。因此應理性地駁斥信念（B）以產生合理的認知。

心理療法② 行為療法・認知行為療法

什麼是行為療法

不適應狀態是學來的，以實驗為基礎的學習理論或行為理論可以修正人類的行為與情緒。

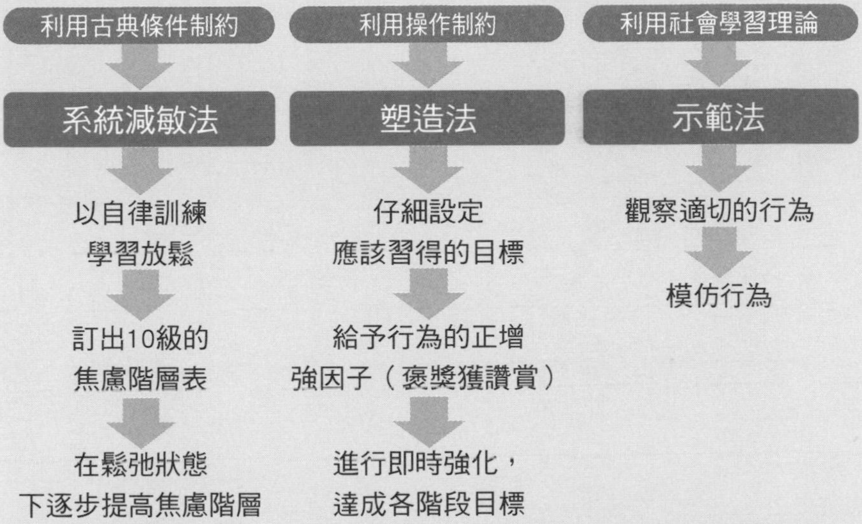

利用古典條件制約	利用操作制約	利用社會學習理論
↓	↓	↓
系統減敏法	塑造法	示範法
↓	↓	↓
以自律訓練學習放鬆	仔細設定應該習得的目標	觀察適切的行為
↓	↓	↓
訂出10級的焦慮階層表	給予行為的正增強因子（褒獎獲讚賞）	模仿行為
↓	↓	
在鬆弛狀態下逐步提高焦慮階層	進行即時強化，達成各階段目標	

什麼是認知行為療法

行為療法與認知療法二者合流，誕生了認知行為療法，他們不僅重視學習帶來的行為改變，並且認為「對緣起行為有不適切的認知」產生了心理問題。

艾里斯的ABC理論與理情療法

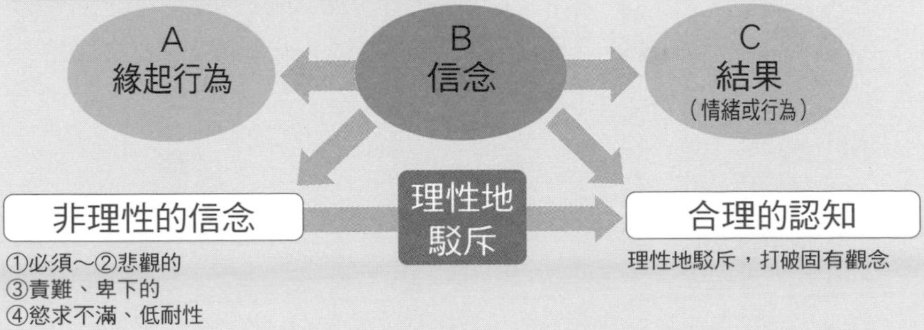

A 緣起行為 ← B 信念 → C 結果（情緒或行為）

B → 非理性的信念 → 理性地駁斥 → 合理的認知

非理性的信念
①必須～②悲觀的
③責難、卑下的
④慾求不滿、低耐性

合理的認知
理性地駁斥，打破固有觀念

⑭當事人中心療法

根據人類信賴關係的治療法

在心理療法之中，在精神分析療法與行為療法之後出現的第三勢力，就是以羅傑斯人本主義心理學為根基的當事人中心療法。

作為對所謂精神分析療法（234頁）與行為療法（236頁）兩大心理療法的反論而出現的，就是羅傑斯創始的**當事人中心療法**。

羅傑斯（36頁）認為：人類天生就有自我實現的傾向，能夠自己解決問題，因此以**當事人**取代「患者」這名稱，以**諮商**取代「治療」；諮商師並非給予治療，而是陪伴當事人，牽引出本來的力量，治療的主角是當事人。

重要的是使當事人的**自我觀念**（自己怎麼看待自己）與**有機體的經驗**（現實的自己）達成一致。不適應行為就是兩者之間分裂、不一致的狀態；而諮商的任務就是拉近兩者距離，使自我觀念與經驗更為一致。

所以，諮商師本身要是一個在態度或言行上表裡一致或整合的人（自我一致），要無條件接納（無條件的正面關懷）當事人的行為或話語。此外，對當事人的體驗或煩惱有同理心的了解，並構築信賴關係（**投契關係**）。最後諮商師的同理心了解與接納傳達給當事人，促成當事人本身的自我實現。

心理療法③ 當事人中心療法

什麼是當事人中心療法

羅傑斯認為：人類天生就有自我實現的傾向，能夠自己解決問題，因此以當事人取代「患者」這名稱，以諮商取代「治療」；諮商員並非給予治療，而是陪伴當事人，牽引出本來的力量。

當事人自我不一致
自我觀念
有機體的經驗
不適應
信賴關係（投契關係）
諮商
適應
自我概念
有機體的經驗
一致的部分大幅擴大
自我觀念與經驗重疊
諮商師自我一致（整合）
諮商者是一個在態度或言行上表裡一致或整合的人
諮商師無條件的正面關懷（接納）
當事人的行為與言語一定要無條件正面接納
諮商師同理心的了解（同理心）
諮商師將當事人的體驗或煩惱當作自己的體驗或煩惱，產生理解，一定要有同理心
諮商師同理心的了解與接納傳達給當事人

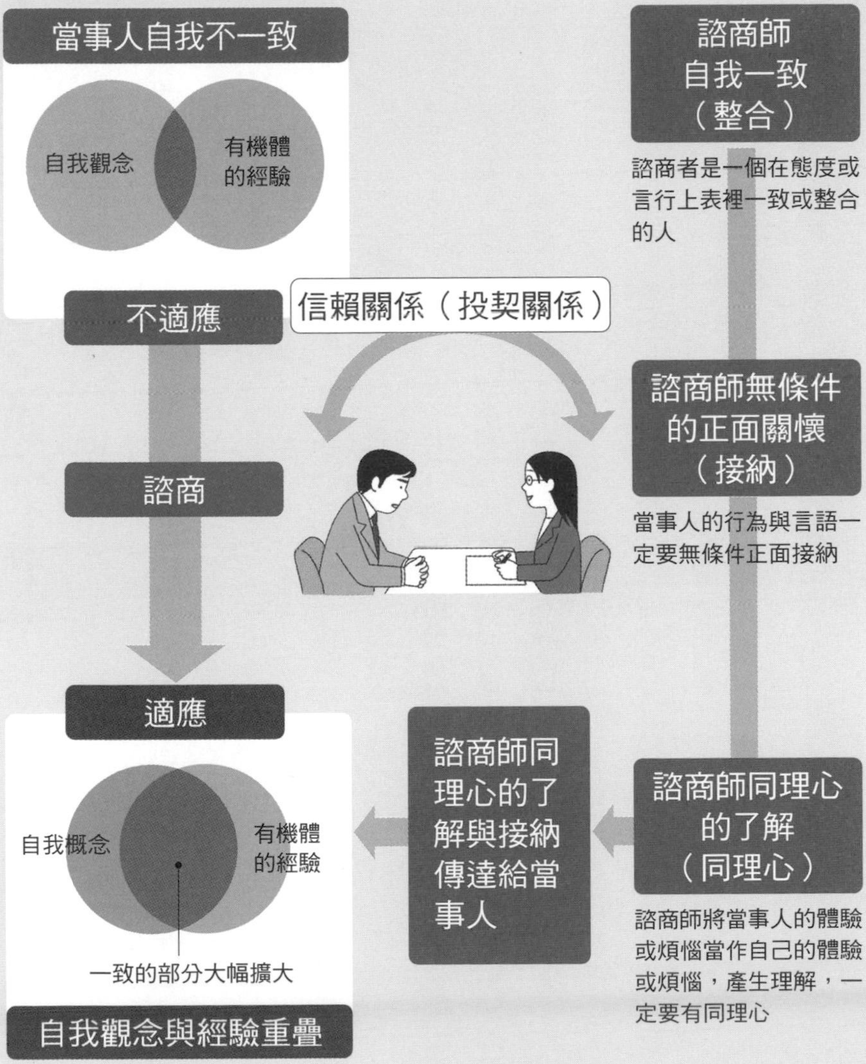

心的煩惱

⑮溝通分析（或交流分析）

從溝通看見心理構造

原本以精神分析醫師為職志的柏恩（Eric Berne），將精神分析的理論抽出、模組化。他將心理狀態記號化並加以分析，創立了有助於人際關係的溝通分析。

柏恩於一九五〇年代中期提出**溝通分析**，也稱作「精神分析的口語版」。

柏恩認為人類都有「父母：P」「大人：A」「小孩：C」三種心態，而父母又分為「批判型父母：CP」與「撫育型父母：NP」，小孩則分為「自由型小孩：FC」與「適應型小孩：AC」，他針對此五種自我狀態進行各種分析。

一開始先做**心理結構分析**，將問卷法（202頁）所診斷出的五種要素作成**自我圖**（ego gram）。接著做「交流分析」，從人際關係的角度分析訊息傳送者與接收者處於P、A、C的何種狀態。溝通形式可分為可以正常持續的「互補溝通」、無交集的「交錯溝通」，以及意在言外的「曖昧溝通」。

此外，**遊戲分析**則是針對工作或私人之間反覆出現、固定引起人際紛爭、無產能且自我毀滅的溝通模式，分析其原因並給予修正。

至於**腳本分析**則將人生看作舞台，重新檢視幼年期受雙親或周遭大人影響的腳本，並且透過修正腳本，從此能夠活出自己所希望的人生。

心理療法④ 溝通分析

所謂溝通分析

1. 心理結構分析

溝通分析之例

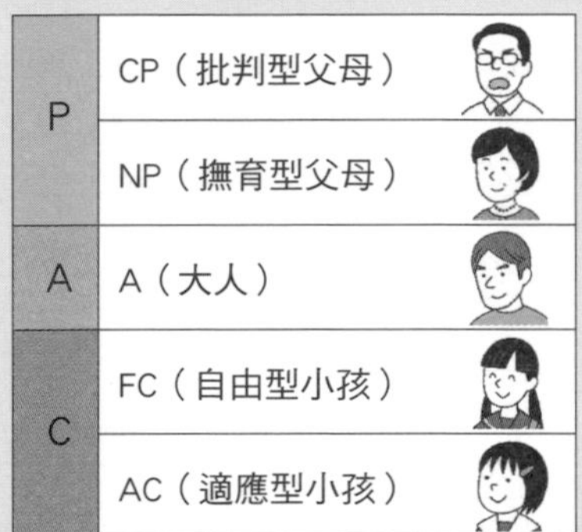

P
CP（批判型父母）
NP（撫育型父母）
A
A（大人）
C
FC（自由型小孩）
AC（適應型小孩）

依據自我圖的分析

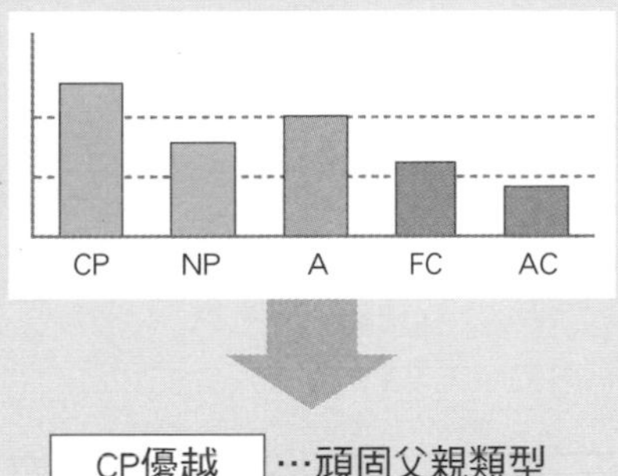

CP優越 …頑固父親類型

2. 溝通分析

溝通分析之例

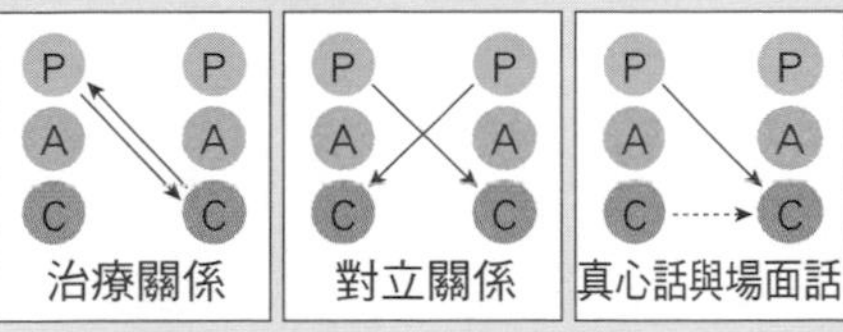

分析訊息傳送者與接收者處於P、A、C的何種狀態。溝通形式分為可以正常持續的「互補溝通」、無交集的「交錯溝通」，以及意在言外的「曖昧溝通」。

3. 遊戲分析

什麼是心理遊戲

會引起人際糾紛、
反覆出現的模式、
無產能且自我毀滅的溝通

玩家

暗藏「貶低對手價值」的意圖

被玩弄者 → 反應

一旦發現可玩弄的目標，馬上有攻擊性反應

角色互換 → 混亂

在來來回回的角色互換中陷入混亂狀態

結尾

在徒勞感或怒氣無處宣洩的清況下終結

重要的是：及早發現這種心理遊戲不會有好結果而避免涉入

4. 腳本分析

所謂腳本分析

將人生看作舞台，重新檢視幼年期受雙親或周遭大人影響的腳本，並且透過修正腳本，從此能夠活出自己所希望的人生

⑯團體療法

人與人的相互作用幫助個人的成長與治療

雖然心理療法的主流是個體療法，但從家族療法到自助團體，有各種利用團體力量或特性的團體療法。

前面介紹的各種心理療法主要是以個人作為對象的個體療法。相對地，也存在著各種利用團體力量或特性進行諮商的**團體療法**。

家族療法就是其中之一，此療法探求的不只是個人的問題行為或精神症狀，而是思考個人與家族之間的關係。

最為人所熟知的團體療法，就是羅傑斯（238頁）的**基礎會心團體**。進行的方式為10名左右成員合宿，為期3～5日，參加者各自述說自己的問題、藉由被他人接納而得到宣洩、並且透過與他人的會心（encounter），最後達到自我深層理解的目的。相對於自由度高的羅傑斯「基礎會心團體」，也有按照指示階段性進行的**結構式會心團體**。

另一方面，精神分析家莫雷諾（J. L. Moreno）所創立的心理劇，就是將實在無法用言語表達的內心問題，以即興劇表演出來，用以加深自我理解的手法。

此外，有酒精或藥物成癮等相同問題的成員聚集在一起、以相互支持與自我療癒為目標的**自助團體**也被廣泛使用。

心理療法⑤ 團體療法

各種團體療法

團體療法有別於個體療法，是利用團體力量或特性所進行的諮商方式。集團的規模依療法不同從數人到數百人都有。有的由諮商者、治療者、引導者（facilitator）等指引方向，有的由成員一起進行，形式各式各樣。

代表性的團體療法		特　徵
家族療法（family therapy）		探求的不只是個人的問題行為或精神症狀，而是思考個人與家族之間的關係。認為緣起事件或行為會相互影響，之中的關聯性需要被探討。以循環的因果論為立論點。
集中的群體體驗	會心團體（encounter group）	羅傑斯等人所提出的團體療法之一。進行期間3～5日，以合宿的形式進行，參加者與他人的會心（encounter），最後達到自我深層理解。有自由度高的基礎會心團體（basic encounter group），也有按照指示階段性進行的結構式會心團體（structured encounter group）。
	訓練團體（T-group）	以團體力學研究者、心理學者勒溫的方法為基礎而發展的團體療法。本來被用來訓練學習對人的感受性、或是訓練社福與管理職人才，但受到人本主義心理學等影響，也普遍被用作團體療法。
心理劇（psychodrama）		精神分析家莫雷諾創立。將實在無法用言語表達的內心問題，以即興劇表演出來，用以加深自我理解。
自助團體（self-help groups）		擁有相同酒精、藥物、偷竊癖、家暴等問題者自發性聚集，以相互支持及自我治癒為目標。

⑰各種心理療法

從沙遊療法到內觀療法

心理療法的數量可以說跟研究者一樣多。除了前面所介紹看到的，還有藝術療法、遊戲療法，以及日本獨創的森田療法和內觀療法等。

雖然前面介紹的是目前主要的心理療法，但實際上，心理療法有數百種以上，怎麼樣都無法介紹完，在本書的最後就介紹幾個獨特的治療法吧。

首先是透過繪畫或音樂、跳舞等表演行為進行的**藝術療法**。人本來就有想表演的慾求，藉由藝術行為的宣洩，人心得以獲得療癒。

第二是**遊戲療法**，提出者為赫爾姆（Hermine Hug-Hellmuth），再由安娜・佛洛伊德或克萊因（28頁）等人發展的心理療法。安娜・佛洛伊德使用遊戲療法的目的要讓小孩與治療者形成投契關係，而克萊因為了代替精神分析的自由聯想法，而使用自由遊玩的方式，目的是用作分析的判斷素材。

遊戲療法之中還有**沙遊療法**（sandplay therapy），創始者為榮格派的杜拉考夫（Dora Kalff），她向克萊因派的洛溫菲爾德（Margaret Lowenfeld）學習並創立此種遊戲療法。他們認為透過觀察兒童把玩沙箱中的小物件可解讀出其心理象徵，同時也用來促進兒童心靈成長。在日本，則由河合隼雄引進而普及。

附帶一提日本獨創的心理療法，有森田正馬提出「順應自然」的**森田療法**，還有應用吉本伊信的內觀法回顧過去而掌握正向人生的**內觀療法**。

心理療法⑥ 各種心理療法

具有特色的心理療法

藝術療法

藝術被視為有心靈的治療效果，藉由繪畫或音樂等的藝術表現，目標是治癒當事人的心靈療法。此外，治療者從當事人的描繪中解讀其意涵。

遊戲療法

主要以小孩為對象的治療法。通過積木、洋娃娃、玩球等小孩容易有興趣的遊戲，讓其將感情表現出來。治療者一面注視小孩的遊戲，一面解讀其心理狀態。

沙遊療法

讓當事人自由地在盆景箱中配置小物件，而治療者再由其表現的內容，分析當事人的心理狀態。這是遊戲療法的一種，日本自河合隼雄引進以來，已快速地普及。

森田療法

由精神科醫師森田正馬（1874～1938）所創始的心理療法，以「順其自然」為目標。在治療初期，當事人被隔離在個別室中，只管讓他睡覺，其後再分階段地訓練恢復社會性。

內觀療法

應用內觀法（由淨土真宗僧人吉本伊信所創）的心理療法。讓當事人用與周圍人的關係，分別就「請人幫忙」「幫忙別人」「麻煩別人」等三種情況反覆思考，從而提高對他人的信賴，讓其自覺到本身的存在價值。

人名索引

ㄓ

ㄔ

ㄕ

用語索引

國家圖書館出版品預行編目資料

超聰明圖解心理學 / 植木理惠著；林德龍譯 . --
二版 . -- 臺中市：晨星出版有限公司，2021.12
面；　公分 . --（知的！；84）

譯自：ゼロからわかる ビジュアル 図解心理学

ISBN 978-626-320-002-9（平裝）

1. 心理學

170　　　　110016401

知的！84

超聰明圖解心理學（修訂版）

作者　植木理惠
譯者　林德龍
編輯　劉冠宏、許宸碩
校對　吳雨書、曾盈慈、許宸碩
美編設計　曾麗香
封面設計　ivy_design

創辦人　陳銘民
發行所　晨星出版有限公司
407 台中市西屯區工業 30 路 1 號 1 樓
TEL：（04）23595820
FAX：（04）23550581
http://star.morningstar.com.tw
行政院新聞局局版台業字第 2500 號
法律顧問　陳思成律師
初版　西元 2021 年 12 月 15 日　二版 1 刷

讀者服務專線　TEL：（02）23672044 /（04）23595819#230
讀者傳真專線　FAX：（02）23635741 /（04）23595493
讀者專用信箱　service @morningstar.com.tw
網路書店　http://www.morningstar.com.tw
郵政劃撥　15060393（知己圖書股份有限公司）

印刷　上好印刷股份有限公司

掃描 QR code 填回函，
成爲晨星網路書店會員，
即送「晨星網路書店 Ecoupon 優惠券」
一張，同時享有購書優惠。

定價 350 元

（缺頁或破損的書，請寄回更換）
ISBN 978-626-320-002-9

ZERO KARA WAKARU　VISUAL ZUKAI　SHINRIGAKU

First published in Japan in 2013 by KADOKAWA CORPORATION, Tokyo. Complex Chinese translation rights arranged with KADOKAWA CORPORATION, Tokyo through Tuttle-Mori Agency, Inc., Tokyo and Future View Technology Ltd.

Published by Morning Star Publishing Inc.